"互联网+"驱动我国制造业升级效率测度与路径优化研究

Research on the Efficiency Measurement and
Path Optimization of China's Manufacturing
Industry Upgrading Driven by "Internet Plus"

李伟庆 著

人民出版社

国家社科基金后期资助项目
出版说明

后期资助项目是国家社科基金项目主要类别之一,旨在鼓励广大人文社会科学工作者潜心治学,扎实研究,多出优秀成果,进一步发挥国家社科基金在繁荣发展哲学社会科学中的示范引导作用。后期资助项目主要资助已基本完成且尚未出版的人文社会科学基础研究的优秀学术成果,以资助学术专著为主,也资助少量学术价值较高的资料汇编和学术含量较高的工具书。为扩大后期资助项目的学术影响,促进成果转化,全国哲学社会科学规划办公室按照"统一设计、统一标识、统一版式、形成系列"的总体要求,组织出版国家社科基金后期资助项目成果。

全国哲学社会科学规划办公室

2014 年 7 月

目　　录

第　一　篇
理论研究：文献综述、理论基础与影响机制

第 二 篇
实证分析：发展现状、效率测度与实证检验

第 三 篇
路径分析："互联网+"驱动制造业升级的路径仿真

第　四　篇
"互联网+"驱动我国制造业升级的政策建议

前　言

在全球新一轮科技革命中,互联网与制造业领域的融合发展正对我国经济发展产生战略性和全局性的影响。为推动互联网与制造业领域融合和创新发展,加快制造业转型升级,我国出台了《中国制造 2025》和一系列"互联网+"的指导意见,旨在转换经济增长动力、培育新经济增长点、深化供给侧结构性改革,为大众创业和万众创新提供良好的环境。目前我国在互联网技术和产业应用相结合方面取得了积极进展,具备推进"互联网+"发展的现实基础,但存在传统制造企业运用互联网能力不足、新业态发展面临制度障碍等问题,亟待加以解决。因此,研究"互联网+"对制造业升级效率的影响效应和融合路径,无疑具有重要的理论意义和现实意义。

本书在梳理相关研究文献的基础上,首先从理论上研究"互联网+"对制造业升级效率的影响。主要厘清"互联网+"的内涵和特征、作用方式与衡量指标,以及产业升级的内涵和特征、影响因素和效率指标,从微观企业、中观产业和宏观经济三个层面系统研究"互联网+"对制造业升级效率的影响机制,构建"互联网+"对制造业升级效率影响的新理论分析框架。理论研究表明,"互联网+"对制造业升级效率的影响主要表现为:宏观上通过互联网实现知识与信息共享,促进制造资源云化,提升制造业升级配置效率,实现制造业高度化、合理化升级;中观上通过互联网加快信息流动速度,降低信息传递成本,提高制造业升级技术效率,推动制造业集群功能升级;微观上通过互联网提升员工工作技能、推动企业技术创新,提高企业劳动生产率,实现工艺升级和产品升级。

在理论分析的基础上,运用数据包络分析法(DEA-BCC)、动态随机非参数数据包络分析法(StoNED)和前沿随机分析法(SFA)等方法分别测算"互联网+"驱动制造业升级的综合效率、配置效率和技术效率。运用空间计量分析法、协整回归分析法和广义矩估计法(GMM)分别构建纳入"互联网+"的计量模型,并从地区、行业和企业三个层面系统检验"互联网+"对我国制造业升级效率的影响效应,同时运用门槛回归模型法(TRM)检验"互联网+"对我国制造业升级效率的网络效应。实证研究表明:在样本期间,"互联网+"对我国制造业升级综合效率具有显著的促进作用,对我国制造业升级配置效率和技术效率均有显著的正向作用,但作用程度均较小。研究发现,"互联网+"对我国制造业升级效率的影响存在显著的网络效应,其促进作用呈现非线性特征。"互联网+"对我国制造业升级综合效率的促进作用存在 10.76% 和 40.12% 的网民比例两个门槛值,10.76% 是互联网作为新技术对我国制造业作用的门槛值,40.12% 是体现互联网网络效应的临界值,在网络达到临界规模后对制造业升级的促进作用更为明显。

在理论研究与实证分析的基础上,本书模拟了"互联网+"驱动传统制造业升级和先进制造业升级的有效路径。研究表明,"互联网+"与工业生产的耦合路径主要为"互联网+"智能制造、"互联网+"个性化定制、"互联网+"网络化协同研制、"互联网+"服务型制造;"互联网+"与工贸流通的耦合路径主要为制造企业设计采购虚拟化、线上线下全渠道营销、行业应用新平台开发等。"互联网+"和先进制造融合的有效路径是工业互联网平台打造、关键技术产业化、集成创新应用和协同合作创新。

最后,本书在借鉴国际经验的基础上,提出了"互联网+"驱动我国制造业升级的政策建议和策略选择。主要从"互联网+"与制造业深度融合、集群培育、人才培养、技术创新、基础建设等层面构建政策体系,为政府实施及调整"互联网+"驱动我国制造业升级的政策提供可靠的理论支撑和实践指导,从而服务于制造强国和网络强国建设。

李伟庆

浙江外国语学院

绪　　论

第一节　"互联网+"驱动制造业升级效率与
路径研究的背景和意义

一、"互联网+"驱动制造业升级效率与路径研究的背景

随着全球新一轮互联网科技的发展,互联网与产业领域融合不断深入,对产业变革与发展产生重要而深刻的影响。互联网与产业融合具有广阔前景和无限潜力,已成为经济发展的时代潮流,对一国经济发展具有战略性和全局性的影响。"互联网+制造业"是把互联网新技术与制造业深度融合,推动制造企业技术进步和组织变革,提升制造业配置效率、技术效率和制造企业的生产效率,形成广泛的以互联网为基础设施的产业发展新业态、新模式。当前,我国经济正处于"三期叠加"的新常态时期,在经济新常态背景下,我国经济发展更重要的是推进制造业升级,培育促进经济增长的内生动力(Acmoglu 和 Zilibott,2001;厉以宁,2017),经济高质量发展需要新产业、新产品、新技术、新业态来推动(杨伟民,2018)。尽管目前我国在互联网技术应用、互联网与制造业融合等方面取得了一些进展,一定程度上已具备"互联网+制造业"融合发展的坚实基础,但也存在一些问题,比如部分传统制造企业对互联网运用能力不足,而部分互联网企业对制造业缺乏深入了解,制造业核心技术比较缺乏,制造业新业态发展存在制度障碍等,这些问题亟待加以解决。

为深入推进互联网与制造业的融合和创新发展,加快制造业转型升级,我国出台了一系列战略措施,旨在转换经济增长动力、培育新经济增长点、深化供给侧结构性改革,为大众创业和万众创新提供良好的环境。2015 年7 月,国务院发布《关于积极推进"互联网+"行动的指导意见》,该意见要求大力发展智能制造,加快提升我国制造业领域的数字化水平和智能化水平,真正促进互联网与制造业的深度融合。2016 年 5 月,《关于深化制造业与互联网融合发展的指导意见》出台发布,该意见进一步要求将制造业互联网"双创"平台打造成促进制造业转型升级的新动力源。2017 年 10 月,在党的十九大报告中,国家进一步提出"推动互联网、大数据、人工智能和实

体经济深度融合"。2017年11月,国务院发布了《关于深化"互联网+先进制造业"发展工业互联网的指导意见》,要求把网络、平台和安全三大功能体系进行系统打造,构建人与机互联、机与物互联、人与物互联的新型网络基础设施,形成制造业智能化发展的新业态和新模式,实现制造业上下游、跨领域的互联互通,促进集成共享。

这些政策文件都标志着我国已经把"互联网+"上升到国家战略,党和国家重视互联网与制造业的深度融合,这也成为社会各界极为关注的一个热点问题。那么,如何推进互联网与制造业的深度融合?"互联网+"是否能够促进制造业提升效率?其机制与路径又是什么?这些社会各界高度关注的问题亦构成了本项目研究的命题。在经济新常态下,我国如何更有效地利用"互联网+"战略,助力制造企业发展,提高产业升级效率、优化产业升级路径成为亟须研究的问题。

二、"互联网+"驱动制造业升级效率与路径研究的意义

基于上述背景,开展"互联网+"驱动我国制造业升级效率测度与路径优化研究,无疑具有重要的理论意义和现实意义。

本书为互联网与产业升级跨学科研究提供概念层次支撑和新的理论研究框架,也为正确理解我国制造业升级及其效率问题提供新的解释视角。已有研究虽然涉及"互联网+"的内涵特征及其对产业影响等方面的内容,但均单纯强调"互联网+"作为信息技术的经济作用,没有进行系统研究。而本书创新性地提出互联网技术、互联网平台、互联网思维和网络效应四个维度的"互联网+"概念,形成该领域"四维一体"的理论研究新范式,并从微观企业、中观产业、宏观经济三个层面系统研究"互联网+"对我国制造业升级的影响机理和作用机制,形成新的理论分析框架。

本书为政府深化供给侧结构性改革、推进制造业升级提供解决方案,也为政府推进我国制造强国和网络强国建设提供决策依据。本书基于"互联网+"对制造业升级影响的理论研究,创新性地定量刻画"互联网+"对我国制造业升级效率的影响效应和网络效应;并运用我国制造业省级面板数据、中国企业统计数据和大样本调查数据等统计数据,采用前沿随机分析法、数据包络分析法和门槛回归模型法等方法,测度"互联网+"驱动我国制造业升级的效率。通过将"互联网+"驱动我国制造业升级的效率在我国互联网虚拟经济与实体经济结合前后时期的纵向比较以及将其和国际上同类产业进行横向比较,梳理我国当前制造业领域中存在的问题和"短板"、寻求"互联网+"与我国制造业深度融合的最优路径和政策体系。

第二节　"互联网+"驱动制造业升级效率与路径研究的目的和内容

一、"互联网+"驱动制造业升级效率与路径研究的目的

本书以我国实施"互联网+"战略为大背景,通过"互联网+"驱动制造业升级的理论阐述和发达国家经验的系统归纳,构建"互联网+"对制造业升级影响的理论框架。进一步地,从地区、产业和企业等层面测度"互联网+"驱动制造业升级的效率,实证检验"互联网+"对我国制造业升级效率的影响效应和网络效应,对"互联网+"驱动我国制造业升级效率予以量化与不同视角的解读,并探寻我国制造业如何与"互联网+"深度融合的最优路径。研究目的可细分为四个:

一是构建"互联网+"对制造业升级影响的新理论分析框架,揭示"互联网+"驱动制造业升级的内在影响机理和作用机制,从而实现互联网与产业升级跨学科研究的理论创新。

二是"定量且全面"刻画"互联网+"对我国制造业升级效率的影响效应和网络效应,分析"互联网+"在中国制造业升级中的新动力作用,为解析"互联网+"如何作用于中国制造业升级提供实证基础。

三是仿真模拟"互联网+"细分模式与我国传统工业生产、工贸流通的耦合路径,提出"互联网+"驱动传统制造业转型升级的最优路径和有效实施方案。

四是仿真模拟"互联网+"和我国先进制造业"双创"平台、关键技术、集成创新、合作创新等耦合路径,提出"互联网+"驱动先进制造业升级的最优路径和有效实施方案。

二、"互联网+"驱动制造业升级效率与路径研究的内容

本书以"互联网对制造业升级效率的影响和效应研究"为核心,以"我国路径和政策体系研究"为重点。首先运用理论模型从互联网技术、互联网平台、互联网思维和网络效应等维度,构建"互联网+"对我国制造业升级影响的概念体系、基本命题和理论框架,展现项目的理论价值。然后,采用前沿随机分析法、数据包络分析法等方法测度我国制造业升级效率,并运用《中国统计年鉴》等统计数据,采用空间计量分析法和门槛回归模型法等方法,实证检验"互联网+"对我国制造业升级效率的影响效应和网络效应。

最后运用仿真模拟法寻求"互联网+"与我国制造业深度融合的最优路径和政策体系,展现本书的实践价值。全书主要包括以下几个部分:

第一章:该部分为文献综述部分。主要阐述互联网与制造业升级相关的研究综述,包括互联网对制造业发展的影响研究综述、互联网对制造企业发展的影响研究综述、互联网与制造业效率的关系研究综述、互联网与制造业融合发展研究综述等。

第二章:该部分主要阐述"互联网+"驱动我国制造业升级的理论基础。其内容主要包括"互联网+"的内涵与特征、"互联网+"的作用方式与衡量指标、产业升级的内涵外延与影响因素、产业升级效率的内涵与影响、产业升级效率的测度与评价等。

第三章:该部分主要阐述"互联网+"驱动我国制造业升级效率影响的理论研究。其内容主要是厘清"互联网+"和制造业升级及其效率的内涵、特征、作用方式,运用相关理论和模型诠释"互联网+"对制造业升级的影响机制,主要包括从企业层面阐释"互联网+"驱动我国制造业升级的微观机制,从产业层面阐释"互联网+"驱动我国制造业升级的中观机制,从经济层面阐释"互联网+"驱动我国制造业升级的宏观机制;分析"互联网+"对制造业升级效率的影响研究,主要分析"互联网+"对制造业升级配置效率、技术效率和企业劳动生产率的影响;分析互联网对制造业价值链攀升的影响机理,进而构建"互联网+"对制造业升级影响的新理论分析框架。

第四章:该部分主要分析"互联网+"与我国制造业融合的发展现状及差距。其主要内容是分析"互联网+"与我国制造业融合的现状,包括阐述工业互联网行业发展历程及市场现状,"互联网+"与我国制造业融合的发展趋势,"互联网+"与我国制造业融合发展的政策现状;以及对美、日、德三国进行比较和评价,得到可供我国参考的经验借鉴和启示。

第五章:该部分主要测度"互联网+"驱动我国制造业升级的效率。其内容主要是测度"互联网+"驱动制造业升级的综合效率,通过构建模型、指标选取与数据来源分析,获得测度结果,并对测度结果进行分析和评价;然后分别测度"互联网+"驱动制造业升级的配置效率和技术效率,通过相关模型设定、指标选取及处理,获得配置效率和技术效率测度结果,并进行分析和评价。

第六章:该部分主要实证分析"互联网+"对我国制造业升级效率影响。其内容主要包括实证分析"互联网+"对我国制造业升级综合效率,通过构建计量模型,分析数据来源与描述性统计,得到实证并分析结果;实证分析"互联网+"对我国制造业升级配置效率的影响,通过模型设定、变量处理和面板数据单位根与协整检验,分析回归结果;实证分析"互联网+"对我国制造业升级技术效率影响,通过模型设定、参数估计结果,分析回归结果;实证分析"互联网+"对制造企业劳动生产率影响,通过建立模型、变量选取,分析回归结果,并进行稳健性检验,获得研究结论与政策含义。

第七章:该部分主要分析"互联网+"驱动我国传统制造业升级的路径仿真。其内容主要阐述"互联网+"细分模式与工业生产的耦合路径,包括"互联网+"与智能制造的路径、"互联网+"与个性化定制的路径、"互联网+"与网络化协同研制的路径、"互联网+"与服务型制造的路径和互联网驱动传统制造业综合路径;分析"互联网+"细分模式与工贸流通的耦合路径,包括制造企业设计采购虚拟化路径、线上线下全渠道营销路径、行业应用新平台开发路径等;模拟"互联网+"驱动我国传统制造业升级的耦合路径。

第八章:该部分主要分析"互联网+"驱动我国先进制造业升级的有效路径仿真。其内容主要论述基于互联网打造工业互联网平台体系,包括开展工业互联网平台建设推广工程、提升工业互联网平台运营能力、推动企业"上云上平台";实施关键技术产业化,包括构建工业互联网标准体系、加大关键共性技术攻关力度、开展关键技术产业化工程;实施工业互联网集成创新应用,包括提升产品解决方案供给能力、提升企业数据集成应用水平、开展集成创新应用示范;加大网络化协同制造应用,包括实施设计协同、实施供应链协同、实施生产协同和实施服务协同等;模拟"互联网+"驱动我国先进制造业升级的耦合路径。

第九章:该部分主要研究"互联网+"驱动我国制造业升级的政策体系。其内容主要总结理论和实证研究中获得的结论,分析相关的启示;提出"互联网+"驱动制造业升级的政策建议,包括推进"互联网+"与制造业深度融合、培育智能制造产业集群、加强智能制造人才培养、提升工业互联网核心技术水平、提高互联网基础设施建设与服务能力等。

最后部分是参考文献。

第三节　"互联网+"驱动制造业升级效率与路径研究的方法和技术路线

一、"互联网+"驱动制造业升级效率与路径研究的方法

（一）田野调查法

搜集查阅国内外有关"互联网+"和产业升级的文献资料,在田野调查

获取大样本、大数据的基础上,通过访谈、实地调研等方式咨询有关专业人士,提取与本书有关的数据和事实,进而梳理出研究"互联网+"对我国制造业升级效率影响的理论与实证支撑。

（二）理论模型法

基于新经济增长理论(Arrow 和 North)构建理论模型,从微观企业、中观产业、宏观经济三个层面,分析"互联网+"对我国制造业升级的影响机制,构建新的理论分析框架。

（三）计量分析法

在走访调研和资料整理的基础上,通过 DEA-BCC 指数法、动态随机非参数数据包络分析法(StoNED)和前沿随机分析法(SFA)三大计量工具分别测算"互联网+"驱动我国制造业升级的综合效率、配置效率和技术效率。进一步地,从微观、中观和宏观三个维度计量检验"互联网+"对我国制造业升级效率的影响程度,不同维度数据采用的具体计量方法如下。

1. 空间计量分析法

结合中国经济与社会发展统计数据库(CNKI)中的地区统计数据,以制造业升级配置效率指标为被解释变量,以地区层面互联网因素为核心解释变量、网络效应为门槛变量,并辅以若干控制变量,构建跨省市面板数据模型,进行空间计量分析。在空间计量分析时以省市为基本的横截面单元,分别构建横截面和面板数据,运用空间滞后面板模型(SAR)、空间误差面板模型(SEM)或空间面板杜宾模型(SDM)比较东部、中部和西部地区"互联网+"对我国制造业升级效率影响的差异特征。这些检验可通过 Eviews、Geoda 空间计量分析软件结合 Matlab 的空间计量经济学工具箱来完成。

2. 协整回归分析法

结合国家统计局网站和中国经济与社会发展统计数据库中的行业统计数据,以制造业升级技术效率指标为被解释变量,以行业层面互联网因素为核心解释变量、网络效应为门槛变量,并辅以若干控制变量,构建行业面板数据模型,进行单位根检验协整和面板协整回归分析,就"互联网+"与制造业升级的内在关系,以及"互联网+"对中国制造业升级效率的影响作出整体性判断。其中,面板单位根检验方法主要用 LLC 检验、IPS 检验、CD 检验等;面板数据协整分析主要采用 Pedroni 检验法、Kao 检验法;因果检验主要采用 Granger 因果检验法和 Geweke 因果检验法。这些检验均可通过 Eviews 软件和 Stata 软件完成。

3. GMM 估计法

选取我国工业企业数据库或国泰安(CSMAR)数据库中的微观企业样

本,结合调研所得的上市公司年报数据,以制造企业劳动生产率为被解释变量,以企业层面互联网因素为核心解释变量、网络效应为门槛变量,并辅以若干控制变量,构造非线性动态面板模型,运用广义矩估计(GMM)比较分析不同类型下(异质性)"互联网+"与我国制造企业效率的互动关系及其差异特征。这些检验方法和步骤均可通过 Eviews 软件和 Stata 软件完成。

（四）门槛回归模型法

运用门槛回归模型(TRM)检验"互联网+"网络效应的存在性。先计算相应的似然比检验统计量对门槛进行识别,通过检验门槛效果是否显著,检验门槛估计值是否等于其真实值,确定门槛值;再构建门槛回归模型,对门槛值进行门槛回归分析,判断互联网对制造业升级效率的影响是否存在网络效应。

（五）现代仿真模拟法

围绕"互联网+"驱动我国制造业升级有效路径和政策选择,将采用现代仿真模拟等方法对"互联网+"下我国制造业升级的路径进行模拟,并对现阶段我国出台的产业扶持政策进行模拟与研判,发现其实施过程中的政策障碍和制度瓶颈,从而选择最适合我国发展的有效路径和政策体系。

二、"互联网+"驱动制造业升级效率与路径研究的技术路线

本书技术路线图如图 0.1 所示。

第四节　可能的创新点

一、构建新的理论分析框架,形成"四维一体"的理论研究新范式

传统上,众多学者是从技术研发、全球价值链等角度研究产业升级的影响因素,部分学者也开始从互联网技术角度研究对产业升级的影响,但现有研究的视角均比较单一。而本项目创新性地从互联网技术、互联网平台、互联网思维和网络效应四个维度进行综合研究,构建新的理论分析框架,形成"四维一体"的理论研究新范式,这不仅突破了以往单一的研究视角,而且在研究内容上形成鲜明特色。

研究框架	研究内容	研究方法

互联网＋驱动我国制造业升级效率测算与路径优化研究

理论研究

问题提出：如何更好地利用"互联网+"提升制造业升级效率、制造业如何推进与互联网的深度融合

影响机理研究
- 基于互联网技术、互联网平台、互联网思维和网络效应四个维度阐释"互联网+"内涵特征
- 基于微观企业、中观产业、宏观经济的视角分析影响机制

文献分析法
理论模型法

效率测算与实证分析

"互联网+"下中国制造业升级的现状评估及比较分析

"互联网+"驱动制造业升级的效率测算
- 制造业升级配置效率测算
- 制造业升级技术效率测算
- 制造企业劳动生产率测算

综合评价

实证影响效应和网络效应
- 区域层面实证其影响程度及区域差异，检验网络效应存在性
- 产业层面实证其影响程度及行业差异，检验网络效应存在性
- 企业层面实证其影响程度及区域差异，检验网络效应存在性

综合评价

田野调查法
比较分析法

Moore结构转换值法前沿随机分析(SFA)数据包络分析法(StoNED)

空间计量分析法
协整回归分析法
广义矩估计法(GMM)门槛回归模型法(TRM)

路径设计

"互联网+"传统制造业升级的路径模拟
- "互联网+"工业生产的耦合路径
- "互联网+"商贸流通的耦合路径

"互联网+"先进制造业升级的路径模拟
- "互联网+双创平台"
- "互联网+关键技术"
- "互联网+集成应用"
- "互联网+协同创新"

现代仿真模拟法
系统动力学法

政策构建

"互联网+"驱动我国制造业升级的政策体系构建

政策仿真模拟法

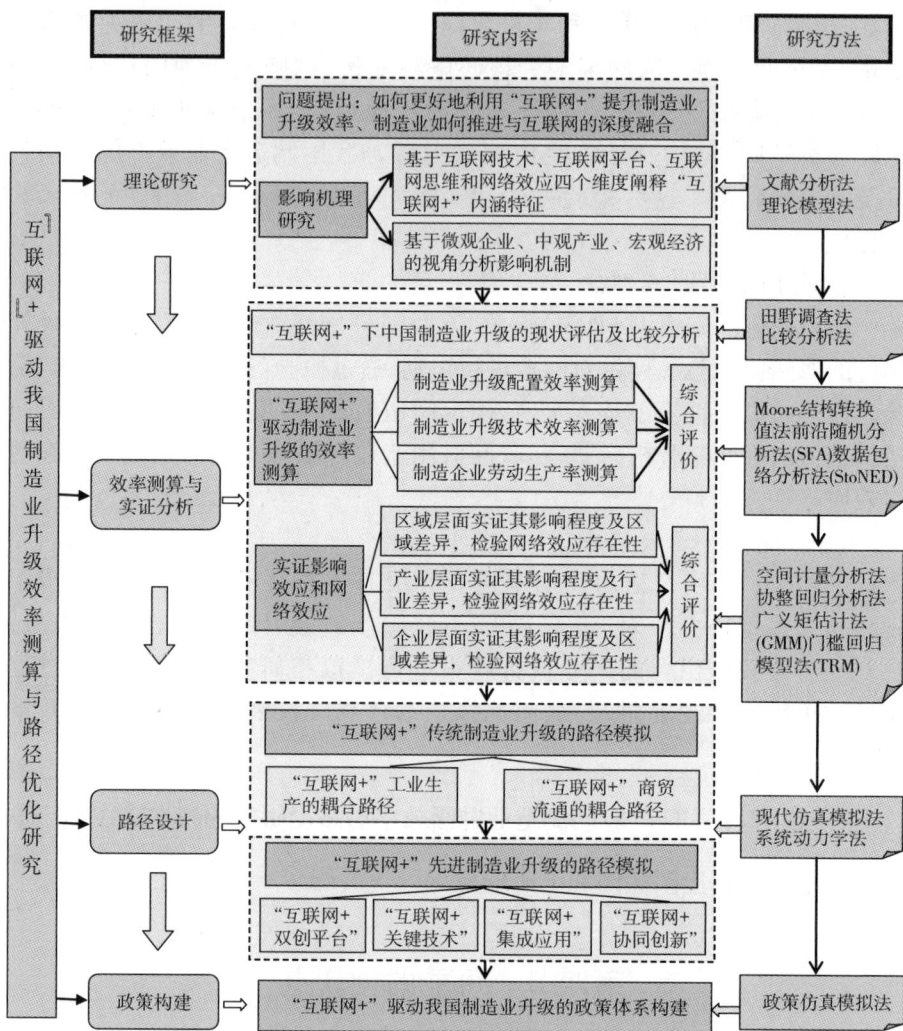

图 0.1　技术路线图

二、定量刻画"互联网+"对我国制造业升级效率的影响效应和网络效应，形成实证维度立体化的鲜明特色

目前，国内外几乎无学者定量研究"互联网+"对我国制造业升级效率的影响效应和网络效应。而本书试图通过建立制造业升级效率的评价指标体系，从制造业升级的配置效率、技术效率、劳动生产效率三个方面构建起二级指标，依据有关统计数据进行实际测算；并从地区、产业和企业层面定

量刻画"互联网+"对我国制造业升级效率的影响效应和网络效应,形成实证维度立体化的鲜明特色,这在理论界是非常罕见的。

三、模拟"互联网+"与我国制造业的耦合路径,
提出"互联网+"与我国制造业深度融合的
最优路径和有效实施方案

传统上,国内外学者研究"互联网+"与制造业的融合路径,更多的是理论分析。而本书将构建"互联网+"对制造业升级影响的新理论框架,突破传统研究的范式,运用现代仿真模拟法模拟"互联网+"与我国制造业的耦合路径,并从传统制造业和先进制造业两大范畴提出"互联网+"与我国制造业深度融合的最优路径和有效实施方案,弥补当前研究缺乏从产业细分层面考量"互联网+"与产业融合的不足。

四、基于空间模型法和门槛回归模型法等新颖
方法实证"互联网+"对我国制造业升级
效率的影响效应和网络效应

国内外学者实证"互联网+"和制造业升级的相关影响,基本采用普通最小二乘回归法进行研究,并且几乎都忽略了"互联网+"和制造业升级的空间相关性影响与网络效应影响。而本项目实证研究方法则更为前沿、新颖,基于"互联网+"驱动我国制造业升级效率的评价指标研究,通过引入空间因素,运用空间滞后面板模型(SAR)、空间误差面板模型(SEM)或空间面板杜宾模型(SDM),从地区层面对"互联网+"影响我国制造业升级效率的效应进行空间计量实证;并利用门槛回归模型法(TRM)实证检验"互联网+"的网络效应,使研究结果更为准确。

第 一 篇

理论研究：文献综述、理论基础与影响机制

第一章　"互联网+"驱动我国制造业升级的文献综述

近年来,关于互联网信息技术和信息产业推动制造业转型升级问题越来越受到学术界和产业界的关注,国内外学者从不同的角度阐述了互联网如何影响制造业转型升级。不少学者主要从互联网技术角度研究互联网对制造业转型升级、制造业结构调整、制造行业部门、制造业经济增长等方面的影响,部分学者研究了互联网对制造企业劳动生产率发展、企业出口贸易等方面的影响,也有部分学者研究了互联网对制造业效率的影响是否显著以及互联网对效率作用的影响因素,还有部分学者研究了互联网与制造业融合发展的路径和模式等。

纵观国内外学者的现有文献,"互联网+"驱动制造业升级的文献研究总体上包括四大方面内容,主要体现为互联网对制造业发展的影响研究、互联网对制造企业发展的影响研究、互联网与制造业效率的关系研究以及互联网与制造业融合发展研究。本书在研究国内外相关文献的基础上,通过对国内外现有文献的具体梳理,对不同视角的相关文献内容分别进行了评述,指出有关"互联网+"驱动我国制造业升级文献综述研究的贡献及其有待进一步研究的空间,进而提出本研究的重要程度和具体范围。

第一节　互联网对制造业发展的影响研究

一、互联网对制造业转型升级的影响研究

很多学者认为"互联网+"能够促进制造业转型升级,互联网技术让制造业开始跨界,可以促进制造业转型升级(Perez,2007;何军,2015;甘信建,2015;张兆安,2015;张建,2014)。如乔根森(Jorgenson,2008)从生产率角度研究表明互联网信息技术促进美国、英国的生产率增长。汉弗莱等(Humphrey 等,2002)认为互联网已成为一种配置经济社会资源的新工具,充分利用制造业的剩余产能,实现了制造业产能的最大化,制造企业通过投入更多资本开发新技术实现向制造业服务化转型,并不断开发出新产品,实现了生产由封闭式向开放式的转型升级。赵昌文(2016)从全球价值链角度指

出,未来制造业将紧紧依靠互联网。石喜爱等(2017)利用我国省级层面的面板数据,对互联网如何影响我国制造业转型升级进行了研究。研究结果显示,"互联网+"能够促进制造业向高度化进行转型升级以及向合理化进行转型升级,但前提条件是控制政府参与程度、控制外商直接投资、控制金融发展。互联网已经成为影响经济社会发展的重要因素,它不仅能够推动制造业和信息化的融合,促进制造业升级(郇贺铨,2015),而且具有强大的破坏力,在一定程度上威胁核心技术安全(赵振,2015)。卡洛塔(Carlota,2007)与林毅夫(2003)均指出"互联网+"促进制造业高度化升级包括三个方面:一是"互联网+"促进创新部门快速增长全要素生产率;二是大力开展互联网设施建设,全面促进技术进步;三是在互联网推动下,制造业各产业部门业务流程重组,扩大知识溢出效应并提高生产效率。但是,也有一些学者对此提出疑问。索洛(Solow)注意到美国在信息技术上投入大量资源却对生产率的作用甚微,持质疑观点的还有唐光海(2015)、张兆安(2015)等。

二、互联网对制造业结构调整的影响研究

不少学者探讨了互联网技术如何影响制造业结构的调整。对于互联网技术的进步对制造业结构调整的影响研究,较早是国外学者霍夫曼南多(Hofmannandor,2005)的研究,他主要研究互联网通信技术如何通过改变制造业的技术效率推动制造业结构调整。安杰利斯(Angeles,2009)通过改变制造业劳动生产率的路径研究了互联网技术如何推动制造业结构调整,谢伊(Xiee,2016)通过行业竞争力路径研究了互联网技术如何推动制造业结构调整。国外部分研究还发现,制造业应用互联网的关键是物联网技术对制造业结构调整的作用,以及物联网技术在重新振兴制造业技术方面的作用(Gaputo 和 Giudice,2016)。相对而言,国内对这方面的研究起步比较晚,国内学者大多从互联网信息技术与制造业融合或工业化与信息化融合的视角进行了研究。研究表明,互联网技术不仅对制造业生产方式产生影响,而且对制造业价值链攀升产生深刻影响,促进制造业结构的价值链升级(谢康等,2012;肖静华等,2015),互联网技术进一步推动我国制造业结构向合理化转型升级和高级化转型升级(吕明元和陈磊,2016)。不少学者还从实证角度考察互联网技术对制造业结构调整的影响。吉梅内斯(Jimenez,2012)基于部门劳动生产率的测算,表明互联网技术对劳动生产率提升具有正向促进作用,有利于制造业结构调整。高希(Ghosh,2017)研究发现,宽带政策与制造业结构的关系并不显著影响,需要通过互联网技术实现驱动效应。陶长琪和周旋(2015)基于产业融合的视角进行实证研究,表明区

域产业耦合对制造业结构优化升级表现出空间相关性。王娟(2016)基于调查研究表明,"互联网+"对技术密集型制造业结构优化升级具有显著促进作用。

三、互联网对制造行业部门的影响研究

一些研究讨论了互联网对具体行业部门的影响,其中,研究重点关注的话题是与金融、就业、国际贸易等相关的。在互联网与金融研究方面,互联网企业通过智能管理为客户提供更好服务(Sato 和 Hawkins,2001),互联网金融通过提升金融系统功能促进经济增长(李炳和赵阳,2014;谢平和邹传伟,2015)。在互联网与就业关系研究方面,互联网加大劳动力市场的流动性(Stevenson, 2009),通过互联网可更加容易实现再就业(Kuhn 和 Skuterud,2010)。在互联网与国际贸易研究方面,互联网与贸易之间有着正向关系(Vemuri 和 Siddiqi,2009)。持类似观点的还有克莱克和沃尔斯顿(Clake① 和 Wallsten,2006)、梅杰斯(Meijers,2014)②、施炳展(2016)等。

四、互联网对制造业经济增长的影响研究

这类研究主要从宏观数据出发分析互联网对地区制造业经济增长的影响,讨论的问题主要包括互联网促进地区经济增长是否存在地区差异、互联网基础设施能否促进产业经济增长等。

(一)关于互联网对地区经济增长影响的研究

不少学者普遍认为互联网能显著促进经济增长。捷克和福尔克(Czernich 和 Falck,2011)研究发现,基于 1996—2007 年 OECD 国家互联网相关数据,每提高 10% 的互联网普及率,就有 0.9%—1.5% 人均 GDP 增长率。基于 2003—2006 年欧洲国家数据,库特鲁姆普斯(Koutroumpis,2009)的研究发现互联网对经济增长的促进作用较为显著。③ 朱(Chu,2013)通过对 201 个国家和地区的实证研究发现,每提高 10% 的互联网渗透率,就可以提高 0.57%—0.63% 的人均 GDP。在利用 2000—2011 年我国省际面板数据的基础上,韩宝国和朱平芳(2014)实证研究发现,我国每增加 10% 的宽带

① Clarke G.R.G.and Scott J.W., "Has the Internet Increased Trade? Developed and Developing Country Evidence", *Economic Inquiry*, Vol.44(2006), pp.465-484.

② Meijers H., "Does the Internet Generate Economic Growth, International Trade, or Both", *International Economics & Economic Policy*, Vol.11(2014), pp.137-163.

③ Koutroumpis P., "The Economic Impact of Broadband on Growth: A Simultaneous Approach", *Telecommunications Policy*, Vol.33(2009), pp.471-485.

互联网渗透率,就能带动 0.19% 的人均 GDP 增长率。何仲和吴梓栋等(2013)通过估算发现,我国每提升 0.424% 的 GDP 的前提是,需要提高10% 的中国宽带渗透率。容格(Jung,2014)基于巴西落后地区的研究,发现互联网对促进巴西落后地区经济发展作用较为明显,然而,韩宝国和朱平芳(2014)通过对我国不同省份差异的分析,却得出与容格(2014)相反的结论,研究发现,总体上我国中、西部地区宽带渗透率相对接近,但宽带(互联网)推动西部地区经济发展的作用并不明显。

(二)关于电信基础设施投资与经济增长关系的研究

捷克和福尔克(Czernich 和 Falck,2011)认为,互联网设施能显著促进产业经济增长。达塔和阿加瓦尔(Datta 和 Agarwal,2004)基于 OECD 国家数据,研究发现,电信基础设施对 OECD 国家经济增长作用显著,电信基础设施对国家经济转型发展起重要作用(Madden 和 Savage,2000);同样基于OECD 国家数据,罗勒和韦弗曼(Röller 和 Waverman,2011)实证研究发现,超过临界值后的固定电话普及率对经济增长有较大影响。而基于我国省级面板数据,刘生龙、胡鞍钢(2010)实证研究发现,信息基础设施对我国 GDP增长影响显著。郑世林、周黎安等(2014)进一步从移动电话和固定电话基础设施的角度进行比较,研究发现,2000 年后移动电话基础设施对中国经济增长影响为正,但影响逐渐递减,而固定电话基础设施对中国经济增长的影响为负;1999 年前移动电话基础设施和固定电话设施对中国经济增长都有促进作用。持类似观点的还有何仲和吴梓栋等(2013)、林娟和汪明峰(2014)等。

现有文献从不同角度考察了互联网对制造业发展的影响,更多关注互联网与产出数量的影响关系,泛谈互联网技术对制造业结构调整的影响,很少通过理论模型进行推导与实证,而"互联网+"对制造业转型升级影响研究尚存在一定的争议。

第二节　互联网对制造企业发展的影响研究

一、互联网对制造企业劳动生产率的影响研究

随着我国"互联网+"战略的推进,互联网与制造企业不断融合。很多研究认为,互联网技术应用对企业劳动生产率有正面影响。鲁德拉(Rudra,2015)、哈斯滕(Hagsten,2016)研究发现,企业使用信息技术能够显著提升劳动生产率。宫崎(Miyazaki,2012)发现信息技术对企业劳动生产

率的影响随着企业生产各阶段的过渡而不断加强。克拉克(2015)通过实证研究表明,企业使用互联网越频繁,劳动生产率提升越快。宫崎等(2012)以欧洲企业为例研究显示,信息技术对工业企业劳动生产率的促进作用较大。李海舰等(2014)指出,基于互联网思维的商业模式对企业发展影响深远,企业需要与互联网同步才能更好地发展。吴义爽等(2016)研究表明,企业利用互联网信息技术实现个性化定制和标准化生产之间的无缝衔接。持类似观点的有格雷顿等(Gretton等,2004)、阿托斯特和阮(Atrostic和Nguyen,2005)、罗和娟(luo和Juan,2015)等。

也有部分研究认为,企业互联网技术不影响劳动生产率或对劳动生产率影响为负。阿克曼(Akerman,2015)研究发现,企业投资固定线路宽带每增加10%,企业产出提高仅为0.4%。伯切克(Bertschek,2013)研究表明,固定宽带对劳动生产率的影响甚微,巴德斯库和加塞(Badescu和Garces,2009)研究发现,互联网信息技术与企业劳动生产率不存在因果关系。卡多纳(Cardona,2013)通过对东南亚国家部分企业的研究发现,广泛实施互联网信息技术并不能充分发挥互联网潜力。我国学者曾建光(2015)研究表明,实施"互联网+"可能给企业带来一系列不确定性的风险。持类似观点的还有沃尔夫(Wolff,1999)、李和戈拉米(Lee和Gholami,2002)等。

二、互联网对制造企业出口贸易的影响研究

部分研究对互联网影响企业出口贸易进行了研究,克拉克(2008)、亚达夫(Yadav,2014)等以网站和邮箱作为代理指标,研究发现,互联网提升了企业参与贸易的概率,但对已从事贸易的企业没有显著影响。然而,部分学者的研究不仅证明了互联网对企业参与进出口贸易的概率有所提高,还表明互联网能够促进企业进出口规模的扩大。博伊内克和费托(Bojnec和Ferto,2009)通过互联网用户数量对出口增长影响的研究发现,增加互联网用户减少了运输成本,有利于制造企业出口。李坤望等(2015)研究发现,企业信息化密度与企业进出口绩效存在显著正向关系,企业进出口绩效水平与所在地区信息设施发展程度也存在显著的正向关系,互联网设施齐全增加企业进出口商品概率和进出口商品数量(施炳展,2016)。持类似观点的还有江小涓(2017)、李兵和李柔(2017)、李海舰等(2014)、冯华和陈亚琦(2016)等。

已有研究关于互联网对企业劳动生产率的影响尚有争议,"互联网+"到底能否提高制造企业劳动生产率尚有待进一步验证。互联网具有促进专业化分工和降低交易成本等特点,但对不同国家经济的影响存

在较大差异性。

第三节　互联网与制造业效率的关系研究

一、互联网对效率作用显著的研究

很多研究认为,互联网信息技术对生产效率存在显著促进作用。弗雷罗(Forero,2013)实证研究表明,互联网技术发展有利于提升一个国家制造业的技术效率。达韦里(Daveri,2002)、乔根森(Jorgenson,2001)等研究发现,计算机与互联网的广泛应用是美国生产率增长的重要驱动力量。斯蒂罗(Stiroh,2002)通过对美国、澳大利亚等国制造业的研究表明,互联网信息技术提升了这些国家的生产效率。卡福罗斯(Kafouros,2006)研究发现,互联网通过节约搜寻成本和沟通成本提升企业研发效率。陈志祥、迟家昱(2016)研究指出,“互联网+”对制造业效率的影响主要体现为“互联网+”对制造生产流程创新的影响,通过网络与机器设备的深度融合,实现各个生产环节端对端的集成,提升了工业制造的运行效率。王可、李连燕(2018)研究发现,互联网推动我国制造业的创新活动,互联网不仅实现制造业供应链上下游企业之间的信息分享,而且作为高效的商品营销渠道在生产中发挥作用,带动制造业绩效的提升。

持类似支持观点还有阿尔法(Alpar,1991)、布林约夫松(Brynjolfsson,1993)、特里佩特(Triplett,1999)。现有研究还不同程度地佐证了互联网对于制造业技术效率的影响。郭家堂和骆品亮(2016)实证研究表明,互联网促进中国的技术效率的提升。持类似观点还有奥林纳和特里佩特(Oliner和Triplett,1994)、李海舰等(2014)、韩宝国和朱平芳(2014)、赵振(2015)、石喜爱等(2017)。

二、互联网对效率作用不显著的研究

发达国家学者大多从宏观层面关注互联网信息技术与生产效率的实证研究,有部分研究表明互联网信息技术对生产效率的作用不显著,甚至可能存在负面的影响。索洛(Solow)较早指出互联网信息技术对生产效率作用甚微,洛夫曼(Loveman)通过回归分析研究,结果表明互联网信息技术对产出效率的贡献几乎不存在。莫里森和伯恩特(Morrison和Berndt)采用美国制造业数据研究发现,互联网信息技术对生产效率的提高并没有达到预期的效果。

三、互联网对效率作用的影响因素研究

在现有文献中,剖析互联网对生产效率影响的相关因素比较少,且大多局限于理论分析。外部宏观经济环境和中观行业环境对企业运用互联网信息技术产生一定影响(Hwang,2004),行业竞争是企业在生产中运用互联网技术的核心决定因素(Goode 和 Stevens,2000)。如果企业在国际市场上从事经营贸易,出口企业会更早地使用互联网信息技术(Hollenstein,2004);在企业行为研究中,企业规模是影响企业应用互联网技术的一个因素,但德威特(Dewett,2002)研究表明,企业应用互联网技术与企业规模存在负相关关系,勒菲弗(Lefebvre,2005)的研究进一步表明,企业应用互联网技术与企业规模没有关系。持相关类似观点的学者还有鲍德温(Baldwin,2004)、阿克曼利吉和帕尔维(Akmanligil 和 Palvia,2004)等。

已有研究关于互联网信息技术与生产效率的研究大多关注宏观层面,并且几乎是从发达国家的角度进行实证,尽管互联网对生产效率的影响研究较为丰富,但研究结论尚未统一。

第四节　互联网与制造业融合发展研究

一、互联网与制造业融合的内涵特征研究

制造业与互联网融合是对"两化"融合的升华、提高和聚焦(张伯旭和李辉,2017),其本质是传统工业要素与信息化要素的全面融合(杨海成,2016),制造业与互联网融合明确了"互联网+"与制造业之间的深刻内涵不简单是"+",而是深度的融合。柴雯和马冬妍(2018)从互联网时代的角度,指出制造业与互联网融合发展是"两化"融合在互联网时代的具体反映,制造业与互联网融合是互联网时代全新的"两化"融合,也是新时期我国制造业智能化发展的新趋势。李君等(2017)从新生产方式角度阐明制造业与互联网融合使企业向更加开放、协作、动态、柔性的方向发展,具有开放式创新的典型特征(Chesbrough,2003;高良谋和马文甲,2014)。励永平(2017)从发展特点角度,阐明互联网与制造业融合具有在线化、智能化、个性化和生态化的特征(Adner,2017)。

二、互联网与制造业融合的路径研究

部分学者从不同角度对互联网与制造业融合路径进行研究。余菲菲和

高霞(2018)从案例分析角度探究产业互联网背景下中国制造企业生态化转型路径。熊磊和胡石其(2018)从产业链重构的视角指出制造业与互联网融合发展能够培育新兴业态和创新服务模式,但不可避免地会导致产业链重构。张伯旭和李辉(2017)从改造模式角度探索"互联网+"改造制造业的结合点和发展路径。孙军和高彦彦(2017)从互联网基础能力建设角度,指出"互联网+"与产业融合路径是改善融合基础,但传感设备、智能设备以及数据服务等"互联网+"核心要素不足,极大地约束互联网与制造业深度融合(邬贺铨,2015)。朱蓉(2016)通过构建模型提出基于互联网发展的制造业提升路径。杜娟(2015)、董伶俐(2018)等从价值链角度系统研究互联网对制造业的作用路径及规律。纪玉俊等(2017)研究认为,当前"互联网+"推动下的制造业升级,关键是通过云计算、大数据、物联网等现代信息技术与制造业深度融合,降低企业生产经营成本,提高产业生产效率,促进制造业升级。桑等(Sang等,2015)通过研究韩国信息产业与五大核心传统产业的融合,认为产业融合将有助于提升韩国传统产业的竞争力。

三、互联网与制造业融合的模式研究

赵建凯(2015)从工业互联网模式的角度,指出美国工业互联网是通过集成工业数据、机器设备硬件和智能软件而形成的一种智能工业网络,支撑制造行业和企业的数据收集、储存分析和决策运行,具有智能决策特征。黄阳华(2015)从德国"工业4.0"模式角度,阐明德国"工业4.0"是通过应用物联网技术,有机地把机器设备、物料资源、企业员工、工业产品连接在一起,推动设计、生产、销售各环节数据共享,实现全制造流程的数字化。张伯旭和李辉(2018)从日本机器人模式角度,指明日本机器人战略是利用信息技术、打造将大数据、网络与人工智能融于一体的新型机器人,实现物体智能化,提升国家竞争力。童友好(2015)从产品生命周期角度,研究互联网与制造业融合推动资源配置方式创新和生产模式创新。

已有研究关于互联网与制造业融合模式研究大都关注发达国家模式,缺少对中国模式的论证;虽然已有研究从不同角度研究互联网与制造业融合的路径,但更多的是以理论分析为主,缺乏从细分产业层面对中国路径的仿真模拟。

本 章 小 结

总体而言,国内外学者在互联网对制造业发展影响方面均有一定研究。

国际上在该领域的研究相对深入和具体,而国内关于互联网对制造业升级影响的研究总体上处于起步阶段,但存在以下不足:(1)国内外学者重视互联网对制造业发展影响研究,其研究范围从传统制造业结构领域拓展到行业与企业领域,从传统宏观研究扩展到微观研究;轻视在不同制度背景和市场结构下,互联网与制造业发展效率之间存在不同关系的研究。(2)国内外学者重视从互联网技术、开放经济或跨国 R&D 等单一角度研究单个要素对制造业升级的影响,轻视从多维度视角对其进行交叉性和综合性的系统研究,研究存在碎片化。(3)关于"互联网+"与制造业效率及其融合的关系,国内外学者重视从发达国家角度进行实证和模式研究,轻视运用中国统计数据的中国实证和中国路径仿真研究,导致该领域研究结论不统一。

上述不足表明,"互联网+"对制造业升级的影响问题尚存在较大的研究空间。"互联网+"如何影响制造业升级,其影响机理是什么?"互联网+"究竟能否提升制造业升级效率? 如果能,其影响效应如何? 是否存在地区和行业差异? 是否存在网络效应? 进一步地,我国制造业如何推进与"互联网+"的深度融合,其机制和路径又是什么? 对于这些问题,本书将逐一进行理论分析和实证研究。

第二章 "互联网+"驱动我国制造业升级的理论基础

在国内外现有文献研究的基础上,本章阐述"互联网+"驱动制造业升级的理论基础。首先,将厘清"互联网+"的内涵与特征、"互联网+"的作用方式与衡量指标,具体从互联网技术、互联网平台、互联网思维、网络效应四个维度阐述"互联网+"的相关概念,依据四个维度分析"互联网+"对制造业升级的作用方式和影响机制,并提出制造过程中"互联网+"的衡量指标及其体系。其次,将阐明互联网与制造业融合的基本内涵与典型特征,互联网与制造业融合的本质是传统工业技术、设备等生产要素与互联网信息化创新要素的全面融合和深度融合,结合互联网与制造业融合的本质,需要进一步从理论上阐明互联网与制造业融合的关键评价指标,为客观评价互联网与制造业融合程度提供依据。再次,需要阐明产业升级的内涵外延与影响因素,产业升级本质上是把资源要素转移到要素单位生产率高的产业中,改进资源要素使用效率,提高产品质量和产品附加值,改善产业结构,实现产业结构升级和价值链升级,从理论上分析主要资源要素对产业升级的作用机理,并在此基础上,进一步阐明产业升级效率的内涵、影响因素及其评价指标。

第一节 "互联网+"的内涵与特征

一、"互联网+"的内涵

"互联网+"是互联网融合传统工业或商业并将其改造成具有互联网属性的新经营模式和商业模式的过程,是企业的一种重要战略行为。"互联网+"有三个层次的内涵。

(一)"互联网+"是一种重要战略行为

从战略角度看,"互联网+"是基于全局长期的一种策划和决策。在实施"互联网+"的过程中,由于不同企业之间、企业内部不同部门之间以及企业与上下游用户之间都发生基于互联网的模式转变,经营模式和商业模式的转变促使企业营销模式、客户关系以及盈利模式等发生重大转变。实施"互联网+"是一个事关企业全局的决策和重要战略行为,也是面向未来、动态完成从决策到实现的过程(安索夫,2010)。同时,由于战略、组织和环境等要素影响企业发展,当这些要素相互适应并且协调一致时,形成"互联网+"战略与环境的互动,企业效益能够有效得到提升。因此,"互联网+"是企业为适应经济发展环境、获得更好发展而实现新策略的过程。

(二)"互联网+"是一种互联网渠道

互联网创造一个新的商业营销和供应交易渠道,任何行业任何商品都可以通过网上实现交易,并诞生电子商务和跨境电商,这表明"互联网+"是一种互联网渠道。无论是B2C或B2B,互联网渠道组为互联网交易的重要组成部分,彻底冲破了地域限制。互联网渠道比线下其他渠道效率更高,通过互联网在线选货的种类更多,购买商品在线支付更加容易,互联网渠道容易增加商家的市场容量。同时通过互联网渠道可以降低成本、控制成本,获得竞争优势。制造企业基于"互联网+"解决大规模标准化生产和个性化定制的困境,同时实现差异化战略与成本领先战略(吴义爽等,2016)。

(三)"互联网+"是一种互联网思维

互联网思维是建立在产品运营、商业营销及用户服务的基础上,具有快速复制的特点,互联网思维包括生态思维、平台思维、跨界思维等互联网思维,这些内涵丰富的互联网思维构成了种类繁多的互联网商业模式。互联网思维本质上是互联网企业适合线上的商业模式,要求传统企业先了解互联网思维,然后结合实际探索出新的商业模式。在互联网商业模式发展中,互联网企业通过积累大量的案例及数据,总结出一套适合自身发展的互联网思维。

二、"互联网+"的特征

"互联网+"与互联网有关领域的特征一样,"互联网+"具有以下特征。

(一)交易成本低

互联网打破了原有的社会结构、打破了原有的经济结构,结构重塑带来技术、劳动力、资金等诸多要素的改变,降低了社会的交易成本,提升社会的运营效率。尽管互联网初期设计生产的第一个产品固定成本较高,包括设计费、开发费、推广费、调试费等,但后期经营过程中,"互联网+"的信息传递成本几乎为零,边际成本很低甚至可能为零。

（二）网络外部性

梅特卡夫法则显示,网络成员的数量越多,成员间信息传播交流的程度就越充分,互联网信息的交易合作也越充分,相应产生的网络价值就越大。相关理论表明,网络价值的增长倍数为网络节点数量增长倍数的平方,网络外部性会进一步吸引更多的参与者进入。

（三）跨界融合创新

"互联网+"应用过程既是一种开放变革过程,也是一个跨界过程。通过"互联网+"要素、"互联网+"市场等推动企业商业模式创新和技术创新,"互联网+"还可以便捷地让企业客户参与企业的产品设计与创新,通过各类人员参与推动产品创新(马化腾等,2015)。

（四）实现生态融合

借助大数据、云计算等"互联网+"技术手段,制造企业可以较精确计算出用户的消费特征及其消费习惯,并根据用户特征开展个性化定制,实现不同用户对产品的差异化需求。与此同时,"互联网+"推动企业优化内部生产经营环境,实现与外部环境的融合,真正实现信息资源共享。

第二节　"互联网+"的作用方式与衡量指标

一、"互联网+"的作用

基于"互联网+"的概念和特征,"互联网+"具有以下的一些作用。

（一）"互联网+"提升企业创新能力

传统制造业通过互联网与大数据、云计算等新一代信息技术融合,能够进一步提升企业创新能力,实现商业模式创新(李海舰等,2014)。互联网具有信息数字化的重要特征,大量企业依托 APP 等互联网平台,将大数据、云计算渗透到企业商业、制造、研发以及业务流程等各个环节,企业不仅可以与上下游企业或用户更便于沟通,还可以在动态竞争中快速地发明和推动新的创新技术,获得竞争优势。更为重要的是,企业借助互联网平台,不仅可以创新研发思路,而且分享交流信息和知识的成本更低、速度更快。同时,互联网由于边际成本较低,能够激发企业增加对创新的投入,在低边际成本条件下如果用户数量足够大,企业平均研发成本会较低,这将激励企业增加对研发的投入,大量高质量产品被相继研发,为企业带来更大收益。同时,在互联网经济中,由于存在网络外部性,网络成员都会将市场任意一个节点的技术创新快速传播,从而为所有网络成员创造新的价值,进而吸引更多的其他成员进入该网络,这进一步增加了产品的创新投入(程立茹,2013;赵振,2015),互联网条件下的产品创新与网络价值存在正向反馈机制,企业获得收益更大。

(二)"互联网+"提升企业经营业绩

企业通过互联网不仅可以便捷地获得很多上下游企业有价值信息,而且可以低成本地获得用户反馈的大量有价值信息,更好地掌握上下游企业和用户的需求(谭松涛等,2016)。具体而言,企业通过微信公众号、二维码等方式与用户进行实时互动,不仅快速了解用户对企业产品需求的意见或建议,收集用户使用产品以及售后服务需求等相关信息;而且应用大数据对信息进行集中处理,可以较好地了解主要用户对产品的真实需求和客户满意度等信息,进而有针对性地作出改进,更好地服务用户,提升企业业绩。同时,企业借助"互联网+"让用户参与相关产品的研发设计,或就相关产品功能问题展开互动讨论,实现企业和用户互动,进一步增加用户黏性,提升产品竞争力。进一步地,企业借助"互联网+"技术可以实现个性化定制和大规模量产,既实现差异化,又实现规模经济、降低了成本(吴义爽等,2016),还可以改进自身经营。因为通过互联网客户可以不受时空限制向厂商企业表达其个性化需求,用户的个性化需求倒逼企业进行重组整合、改进自身生产经营状况,以适应不同用户的个性化需求并达成交易,进而提升企业业绩。

(三)"互联网+"促进企业降低经营成本

在传统商业模式中,商品从出厂开始经历较多中间渠道或中间环节,最终到消费者手中,而每个中间经销商(或代理商)都要获取一定的利润,因此传统商业模式下商品价格往往较高。与传统商业模式不同,互联网商业模式减少了不必要的中间渠道,可以有效地控制成本。同时,企业借助"互联网+"的大数据,容易发现或消除经营过程中不必要的销售环节,降低营销成本。"互联网+"亦会给不具备规模效应的中小企业带来一定的利益,中小企业由于建立自己的战略平台相对较难,可以通过加入其他厂商已经建成的 APP 定制平台,借助公众号向其客户群体推送企业产品和服务等信息,这在一定程度上为企业降低了营销成本,有助于实现自身发展的特定战略目标。

二、"互联网+"的作用方式

互联网作为生产通用技术(Chu,2013),不仅改变许多生产部门的生产方式,而且对产业发展产生长期的波及效应。互联网作为国民经济运行的平台,影响人们对经营模式和商业模式的认识。随着互联网普及率的增加,互联网影响经济的作用越来越大,并呈现网络效应特征。因此,本章从互联网技术、互联网平台、互联网思维和网络效应四个维度分析"互联网+"对生产效率的影响方式(如图 2.1 所示)。

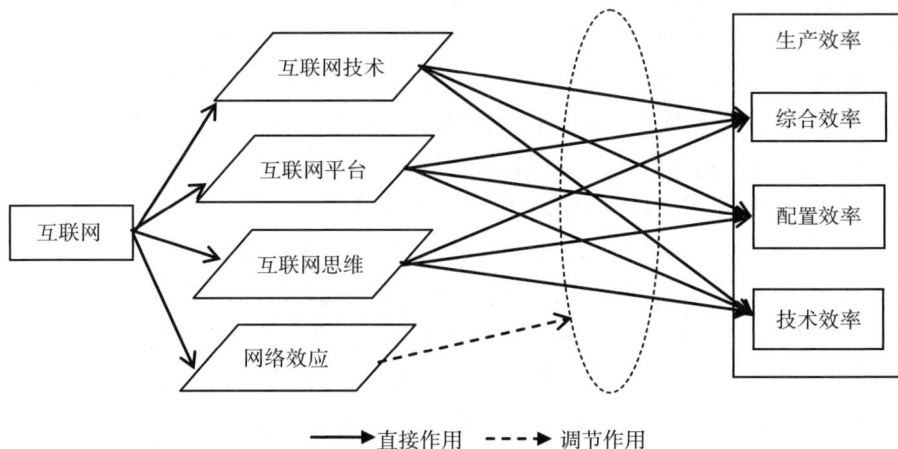

图 2.1   互联网对生产效率影响方式

资料来源:作者绘制。

互联网作为一种技术,促进信息和技术在全球快速传播与整合,而信息和技术传播扩散对全社会知识积累非常重要,通过全社会知识积累进行各领域的创新活动可以促进经济增长(Barro 和 Lee,1994)。互联网突破时空限制,可以对分布式信息和技术进行整合处理,企业通过互联网共享信息和技术,在信息和技术的分享与倍增的过程中,对信息技术进行加工处理和理解诠释,推动技术进步和效率提升(Czernich,2011)。

互联网作为一个平台,可以促进企业、科研单位和用户紧密结合,促进社会创新模式发生巨大改变。互联网为研发创新的企业、科研单位和用户提供了零距离接触的平台,企业、科研单位根据用户需求进行研发活动,提高了创新的匹配效率,加快了科学转化为技术的进程。通过互联网平台,用户由技术创新接受者转为创新主体,形成大众创新和迭代创新;借助互联网其他创新组织和平台层出不穷,有机整合各种创新资源,满足了用户个性化需求。

互联网作为一种思维,通过互联网技术凝练和升华人们的思维(喻思变,2014)。互联网思维体现了"开放平等、协作共享"的精神,从社会学角度看,互联网思维是一种社会资本,具有信息共享和团队合作的特点

(Durlauf 和 Fafchamps,2005),协作共享的社会资本是经济增长的源泉之一,有助于发挥社会组织效率。由于创新活动具有较高的不确定性,信息不对称所引发的逆向选择与道德风险可能会导致研发投资不足;而协作共享的社会资本则有利于促进投资者和研发人员之间的合作,推动创新进程和技术进步(Akcomak 和 Weel,2009)。

互联网具有网络效应,网络效应源于经济的外部性,体现在企业产品或服务的价值依赖于正在使用这种产品或服务的用户数量。互联网有助于创新资源的互补共享和创新资源的有效传播,网络集聚和面对面接触是隐性知识传播的最有效途径,创新主体通过网络集聚实现面对面接触获得隐性知识。而网络效应产生的前提条件,是新技术的应用与拓展需要达到一定规模的阈值。

综上所述,"互联网+"对技术进步具有正向的影响作用(如表 2.1 所示),"互联网+"能够有效促进一个国家或地区的技术进步。互联网作为一种技术、一个平台、一种思维对技术进步具有促进作用。

表 2.1 互联网对技术进步的作用方式与效果

维度	作用方式	作用效果
互联网技术	信息跨时空传播→前沿技术溢出效应	+
	分布式信息处理与整合→信息倍增→人力资本积累	+
互联网平台	构建企业、科研单位和消费者三位一体的创新网络→提升科研成果转化率	+
	创新主体多元化 产业链创新资源共享与整合→加快研发速度,提高研发效率 创新转向众创空间 创新供需直接对接	+
互联网思维	信息共享、团队合作→社会资本积累→合作研发	+
网络效应	网络集聚→隐性知识传播与创新资源共享→研发创新	+

三、"互联网+"的衡量指标

当前学术界没有一个能够确切反映全国"互联网+"状况的指标体系。鉴于"互联网+"是利用现代信息技术改造传统生产模式的方式,借鉴现有学者的评价指标研究,本章构建了"互联网+"信息化衡量指标体系(见表 2.2)。

表 2.2　"互联网+"信息化衡量指标体系

指标	变量	数据
互联网基础设施	人均网站数	每万人网站拥有量
	宽带安装覆盖率	每百户家庭宽带接入量
	网络通信线路覆盖率	每百平方千米通信管线长度
	计算机使用覆盖率	每百户计算机拥有量
	电视收看覆盖率	每百户电视机拥有量
互联网应用程度	移动电话使用程度	移动电话普及率
	互联网覆盖程度	互联网普及率
	有线数字电视安装状况	有线数字电视普及率
互联网发展潜力	劳动力受教育状况	人均受教育年限
	专利授权量	每万人专利授权量

考虑到相应数据的可得性,本章从互联网基础设施、互联网应用程度和互联网发展潜力三个维度对"互联网+"指标进行衡量和评价(见表 2.2)。其中,互联网基础设施是描述互联网基础设施的配备状况,主要包括人均网站数、宽带安装覆盖率、网络通信线路覆盖率、计算机使用覆盖率和电视收看覆盖率等指标。互联网应用程度是描述对互联网信息资源与技术的应用程度,主要包括移动电话使用程度、互联网覆盖程度、有线数字电视安装状况等指标。互联网发展潜力是描述信息化发展的人才与技术创新水平,主要包括劳动力受教育状况和专利授权量等指标。

四、互联网与制造业融合的内涵与特征

在大数据、云计算等新一代信息技术环境下,互联网与制造业融合是通过将制造业和"互联网+"深度融合,激发制造企业创新活力、转型动力和发展潜力,进而优化产业结构、有效改善供给,释放发展新动能。互联网与制造业融合是对工业化和信息化"两化"融合的有效升华,其本质是传统工业技术、设备等生产要素与互联网信息化创新要素的全面融合,以及传统工业技术、设备等生产要素与互联网信息化创新要素的深度融合。推进互联网与制造业融合发展也是在互联网时代背景下工业化和信息化"两化"深度融合的具体反映,互联网与制造业融合发展具有鲜明的互联网时代特征。企业是推动互联网与制造业融合发展的主体,企业不仅需要在研发生产业

务环节应用互联网技术,而且需要在营销等业务环节应用互联网技术,通过信息开放、资源共享和合作创新,在生产和销售等主要环节催生新生产方式和新销售模式,形成新管理模式,推动制造业向更加开放协作的方向发展,向更加动态柔性的方向发展。

互联网与制造业融合是一种开放、创新的融合发展。互联网与制造业融合发展主要是激发企业创新转型动力,通过建设新型工业基础设施和互联网基础设施,建设制造业"双创"平台,培育促进制造业发展的新模式、新业态,推动制造业创新发展(如图2.2所示)。在推动制造业创新发展的过程中,互联网的"双创"平台是通过集聚人民群众的集体智慧,群策群力,激发制造业创新动力,充分发挥互联网的作用,推进有效投资的增加。同时,互联网能够创造有效供给,推动消费需求的作用也被激发。在推动制造业创新发展的过程中,制造企业通过互联网与投资者实现成果共享、风险共担,不同规模和所有制结构的企业通过互联网可以突破规模边界和不同所有制结构边界,形成不同所有制结构企业和不同规模企业协同共生、协同共进的产业生态系统。当前,互联网与制造业融合发展的方向和模式是智能制造、网络化协同研制、个性化定制和服务型制造。大量的信息基础设施和信息技术作为支撑,是互联网与制造业融合发展,建设包含"硬件、软件和网络平台"等新型基础体系深入推进互联网与制造业融合发展的基本前提。在此基础上,互联网与制造业融合创新将会涌现出新模式新业态,形成新的制造业体系。

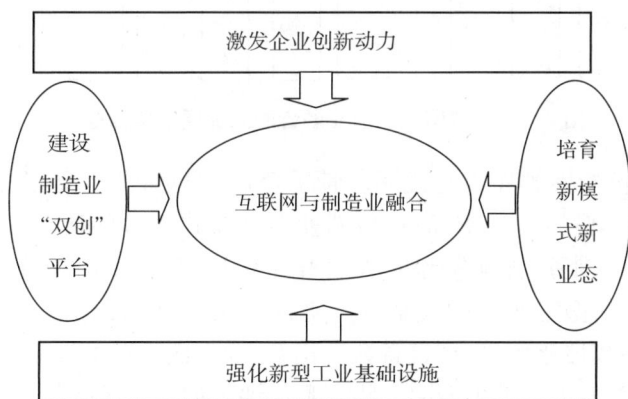

图 2.2 互联网与制造业融合的典型特征

五、互联网与制造业融合的关键评价指标

为了准确把握我国互联网与制造业融合发展现状,精准分析突破路径,指明发展方向,本章提出了评价互联网与制造业融合的关键指标。互联网与制造业融合评价指标的主线是围绕激发制造业主体发展潜力、形成制造企业转型动力和激发制造业主体创新活力。根据两者融合发展关键特征,从制造业"双创"平台建设方面构建我国互联网与制造业融合的评价指标,从新模式新业态培育方面构建我国互联网与制造业融合的评价指标,以及从新型工业基础设施方面形成评价我国互联网与制造业融合的相关指标,指标框架如图 2.3 所示。

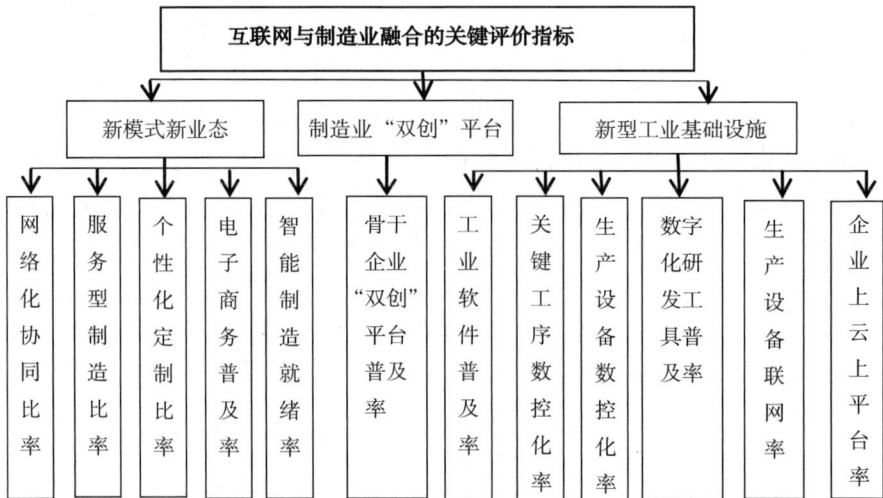

图 2.3   互联网与制造业融合的关键评价指标框架

相关评价指标的界定与说明。骨干企业"双创"平台普及率是制造业"双创"平台建设的关键指标;评价新业态新模式培育的指标主要包括:网络化协同比率、服务型制造比率、个性化定制比率、电子商务普及率和智能制造就绪率;新型工业基础设施的关键评价指标具体包括:工业软件普及率、关键工序数控化率、生产设备数控化率、数字化研发工具普及率、生产设备联网率和企业上云上平台率。指标具体评价如表 2.3 所示。

表 2.3 互联网与制造业融合的关键评价指标

评价内容		评价指标
制造业"双创"平台		"双创"平台普及率
新业态新模式	网络化协同	网络化协同比率
	服务型制造	服务型制造比率
	个性化定制	个性化定制比率
	电子商务	电子商务普及率
	智能制造	智能制造就绪率
新型工业基础设施	自动控制与感知	生产设备数控化率
		关键工序数控化率
		数字化研发工具普及率
	工业软件	工业软件普及率
	工业网络	生产设备联网率
	工业云平台	企业上云上平台率

第三节 产业升级的内涵、外延、动因与影响因素

一、产业升级的内涵

产业升级是通过其内涵和外延辩证统一地反映产业发展状况,内涵是对产业升级本质的总结和提炼,外延规定产业发展的范围。产业升级的内涵包含以下几层含义。

第一,产业随社会经济发展而不断升级。工商企业是产业升级的主体,社会生产力发展促进分工的细化,大量企业应运而生,形成具有一定经济特征的产业。产业升级的目的是促进社会经济的发展,产业升级包括产业内升级和产业间升级。

第二,产业升级主要存在两个内涵的升级方向。产业结构升级是产业升级的一个方向,价值链升级是产业升级的另一个方向。产业结构升级是产业结构向高度化和合理化的方向演进升级;基于价值链的产业升级是制造企业从低技术、低附加值产品生产向高技术、高附加值产品转换的过程。但是无论是产业结构升级还是价值链升级,产业升级的目标都是提高生产

要素的投入产出效率。

第三,产业升级是产业持续发展的过程。从产业升级机制看,产业升级是一个破旧立新的过程,即在产业升级过程中一方面淘汰低效率的生产方式,另一方面确立高效率的生产方式。确立新型合理的、高效率的生产方式不是一蹴而就,需要打破原有的不合理的、低效率的生产方式。从价值链角度看,随着经济的发展,地区产业升级是以本地区比较优势为导向,地区产业结构持续适应性调整的过程。地区比较优势并不是一成不变,客观上要求地区产业不断优化升级。

二、产业升级的外延

产业升级的外延规定产业升级的范围,既可以从产业结构升级层面系统分析产业升级,也可以从产业价值链升级层面对产业升级进行系统分析。

(一)产业结构升级

产业结构升级是指各产业在社会经济中的比重由不合理向合理化方向发展的升级,产业结构演变的一般趋势变化,是先由第一产业向第二产业转移,再向第三产业转移。由于生产要素具有向单位要素生产率更高的产业转移的属性,产业结构的调整也体现为劳动、资本等要素随着人均国民收入的提高而提高。

产业结构升级最根本的是把资源要素转移到要素单位生产率最高的产业中去,提升要素单位生产率高的产业比重,降低要素单位生产率低的产业比重,最终达到均衡。产业结构升级是相对的,其相对性主要体现在要素投入的结构与市场需求的结构是否相契合,要素资源是否由低效率产业向高效率产业流动;为形成完整的产业链,保持产业链协调,产业间是否协调发展;其相对性既体现在产业结构升级伴随淘汰低效传统产业过程,也体现在发展高技术产业的过程。

(二)产业价值链升级

价值链是由一系列创造价值活动的企业及其活动组成,包括各类创造价值的企业以及企业创造价值的各类研发、生产、销售等基本活动和财务等辅助活动,完成价值循环的过程。价值链是在社会分工合作的背景下必然形成的组织形式,在社会分工合作过程中,价值链体现两个功能:一是合作竞争,二是价值分配。前者功能是参与价值链的企业根据自身的比较优势嵌入价值链,展开合作与竞争关系;后者功能是价值链上不同的环节对应不同的附加值,当企业嵌入价值链的环节不同,在价值分配中所获得的利润也不同。具体可由微笑曲线来体现,如图2.4所示。

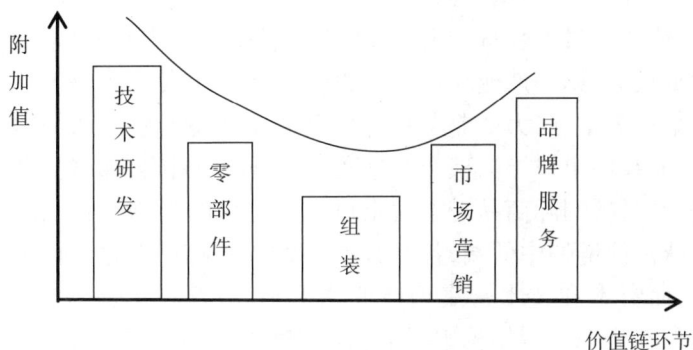

图 2.4 微笑曲线

由图 2.4 可知,价值链上不同环节对应的附加值也不同,处于微笑曲线两端环节的活动附加值比较高,而处于中间环节的活动附加值比较低。对应具体活动时组装生产的附加值低,技术研发、售后服务等附加值比较高。价值链视角下产业升级具有四种模式:加工提升模式、技术研发模式、服务转型模式、跨价值链模式。

(1)加工提升模式是所处的加工环节在没有改变的前提下,通过生产环节的智能化改造,提升了本环节加工的效率和加工质量,增加了产业附加值,创造了更大的价值空间,也称为产品升级。

(2)技术研发模式是处在原来环节的生产技术水平和技术层次比较低,通过提升技术研发水平,新嵌入的环节是在价值链比较高的环节,如价值链左端的研发环节,提升产业附加值。

(3)服务转型模式是处于价值链低端生产环节的企业在生产加工过程中,其主要业务逐步转变为营销管理、市场营销,向价值链右端环节转移,嵌入价值链的右端,提高了产业附加值。

(4)跨价值链模式是企业放弃原从事的价值链业务,转行到其他不同行业的价值链上去,跨越了价值链,从而实现产业升级。

上述四种产业升级模式是基本的模式,也是最常见的模式。由于不同企业升级动机不一样,升级方式也不一样,但都可以达到产业升级的效果。

三、产业升级的动因

产业升级的动因主要分为主动驱动机制和被动驱动机制两类机制。

主动驱动机制是社会经济主体主动要求改变的状态下进行产业升级。相对于发达国家,我国三大产业结构不够合理,第三产业的比重仍然偏低,第二产业比重高于发达国家的比重,甚至高于世界中等收入以上国家的比重,第一产业比重过大。从三大产业的劳动力看,中国三大产业中劳动密集型产业比重较大,第一产业存在大量的剩余劳动力,第二产业和第三产业均以劳动密集型为主,三大产业劳动力比重需要动态调整。从全球价值链的角度看,目前我国出口导向型产业过度依赖出口,在国际市场上凭借出口价格优势进行贸易,国际商品需求对出口产业结构的影响较大。由于我国工业处于全球价值链的中低端,各类劳动密集型产业对资源依赖较大并且发展不平衡,而资本和技术密集型产业比重小、缺乏自主创新品牌(刘志彪等,2008)。在当前产业结构水平下,需要利用"互联网+"改造传统产业,大力发展先进制造业和战略性新兴产业,调整升级产业结构,提高技术、知识密集型产业的比重,推动产业结构升级,才能在全球价值链上不断攀升。

被动驱动机制是在社会生产条件受到限制的状态下被动进行产业升级。目前我国社会生产发展面临劳动力成本上涨、劳动力数量日趋减弱问题。社会劳动力市场普遍出现"民工荒"现象的新趋势,虽然一国(地区)要素禀赋决定了其产业结构,但在劳动力较少、人口红利效应减弱形势下进行产业结构调整是我国产业发展的必然选择(林毅夫等,2004)。根据我国产业结构的现状,目前我国经济发展正处于跨越"中等收入陷阱"的阶段,虽然世界银行已经界定中等收入国家的相关标准,但根据这个标准,我国现期人均 GDP 已进入中等收入国家行列,同样面临"中等收入陷阱"。因此,中国跨越"中等收入陷阱"的一个必要条件是加快产业结构升级。

四、产业升级的影响因素

在参考产业升级影响因素文献的基础上,系统考虑我国产业升级影响因素,本章分析了影响产业升级的主要因素,具体是既有劳动力、固定资产投资、技术创新等企业内部因素,又有政府税收、对外贸易、外资因素、发展水平和区位条件等外部因素。

(一)劳动力

劳动力对一国(地区)产业升级起着重要的支撑作用,是推动产业升级的最基本要素之一。作为社会生产的基本要素,产业升级的主要目的之一是转变劳动力结构和提升劳动力素质。产业升级受到一国(地区)劳动者需求和劳动者供给的影响,而劳动者是推动产业升级的主体,也是产业升级成果的受益主体。在产业改造和创新背景下,高素质的劳动力可以较快地创造新的产业间供求平衡,减轻经济波动,保障产业升级顺利进行;同时,劳动力素质影响产业结构的演进,高素质劳动力推动高新技术产业发展,提升高新技术产业在产业结构中的比重,低素质劳动力推动劳动密集型传统产业,对传统产业比重有一定影响。在我国经济发展过程中,随着劳动力成本不可逆转的上升,劳动密集型产业不再继续成为主导产业,中国如何发展高素质劳动力,满足新兴产业劳动力需求,消化传统产业过剩劳动力是今后需要考虑的问题。因此,劳动力素质是关乎我国产业升级顺利进行的重要因素之一,也是决定产业升级效率的因素之一。

（二）固定资产投资

固定资产投资是劳动对象也是劳动资料,是产业运行的一项成本,体现了一个国家（地区）的资本状况。产业运行需要机器设备、厂房等固定资产,这需要资本要素的支撑,资本作为固定资产投资的一种重要因素,在产业间的流动较大程度上影响了产业结构调整,投资高技术产业有利于产业结构升级,投资劳动密集型产业可能延缓于产业结构升级。资本要素具有从低效率产业向高效率产业流动的天然属性,其本质上是提升资本在产业运行中的使用效率和配置效率。同时,资本主要以促进生产效率提升的方式推动产业升级;资本积累水平决定了产业的规模,产业达到一定的规模形成规模经济,进而获得比较优势提升产业竞争力。在中国发展经济的历程中,固定资产投资对中国 GDP 的提升起到重要的作用。就产业升级而言,固定资产投资是产业升级的源动力之一,既满足产业发展需求,也为后期发展创造供给;而流向低效率传统产业的固定资产投资,可能成为产业升级的阻碍。因此,应注意发挥固定资产投资在产业升级中的积极作用。

（三）技术创新

技术创新作为一种重要的创新资源,对产业结构升级产生最为直接的影响。一国（地区）的技术应立足于自身产业发展的比较优势,形成和本国（地区）产业结构相符合的技术结构。由于技术创新具有一定的系统性,一国（地区）产业技术创新能力在一定程度上决定了其在全球价值链中获取价值能力,并影响产业结构。一国（地区）根据本国（地区）产业发展实际情况通过引进技术或自主研发进行技术创新,随着技术的创新与扩散,产业发展的范围和程度都越来越大,而产业发展又为技术创新提供了更为广阔的空间。技术创新扩散与产业发展之间的不断循环发展,推动着产业升级和生产效率的提升。现阶段正处于我国产业结构转型升级阶段,技术创新对我国传统产业改造和新兴产业发展起着重要的作用。

（四）政府税收

税收是政府调控产业的重要手段之一,以政府权力为保障,具有强制性。征税加大产业发展的成本,不利于产业发展;减税增加产业的利润,有利于产业发展。一方面,政府对不同产业以不同的税率进行征税,可以引导或规制不同产业的发展。为了培育发展高新技术产业,政府可以低税率征税,减少征税,降低产业成本,增加产业利润,进而提高高新技术产业在产业结构中的比重,引导产业结构向合理化的方向发展。另一方面,为了抑制传统污染行业或高耗能行业,政府可以高税率征税,加大征税,增加产业成本,降低产业运行的效率,进而降低传统污染行业或高耗能行业在产业结构中的比重。因此,政府积极发挥税收政策的导向功能,通过税收政策调节产业的发展程度,进而调整产业结构。

（五）对外贸易

对外贸易促进商品的国际流通,一定程度上促进了生产资源要素的国际流动。对外贸易对产业升级的影响体现在其对国内外要素的配置上,通过国内外资源交换和国际分工,提升贸易双方的福利,实现比较优势的分享,进出口贸易结构得到优化。同时,通过进口贸易引进技术密集型产品,利用逆向工程产生技术外溢,进而提升本国同类产品的技术水平,促进产品升级。产业技术水平的提升有助于产业技术创新并开发新的产品,新的产品通过对外贸易出口到其他国家,参与国际市场的竞争;同时,对外贸易受国际市场需求层次的影响,通过对外贸易可以优化贸易结构,而优化进出口贸易结构进一步可以优化产业结构。因此,在经济全球化背景下,对外贸易促进产品和资源要素在国际间流动,促进资源要素价格均等化,优化贸易结构和产业结构;同时深化了国际分工,各国（地区）利用比较优势从技术外溢和国际贸易中受益,提升产业运行效率,促进产业结构升级。

（六）外资因素

随着对外开放水平的提高,中国出口导向型产业的发展越来越快。相对于其他影响因素而言,外商投资作为资本积累的重要源泉,在资本配置和产业升级中意义重大。外商投资对东道国产业升级的影响取决于两方面因素:一方面是外商投资的技术与东道国技术的差距;另一方面是东道国产业结构的技术水平。如果外商投资的技术水平高于东道国技术水平,通过外商投资能够提升东道国本地技术水平,缩小两者的技术差距。同时,外商投资的产业对东道国产业结构调整起着积极的影响,如果外商投资的产业是高技术产业,这有利于东道国产业结构升级;相反,如果外商投资的产业是低技术产业,这不利于东道国产业结构升级。此外,发展中国家应注意避免对外资的过度依赖,对外资的过度依赖一定程度上使本国的技术构成"路径依赖",不利于东道国产业结构升级。

（七）发展水平

一国（地区）的经济发展水平对产业升级产生重要的影响。虽然一国（地区）的经济发展水平受众多因素的影响，但是一国（地区）的经济发展水平主要体现在居民的消费水平和消费能力上，一国（地区）的经济发展水平越高，其居民消费水平越高，消费能力越强。而居民消费水平越高和消费能力越强对国内外产品的需求也越大，带动生产厂商生产更多符合消费者需求的产品，拉动一国（地区）的经济增长。同时，一国（地区）的消费结构一定程度上影响了该国（地区）的产业结构。如果居民或消费者对高技术产品有更大的需求，这会带动高技术产品的生产厂商生产更多的高技术产品，进而拉动高技术产业的发展，促进产业结构升级；如果居民或消费者对低技术产品有更大的需求，这会带动低技术产品的生产厂商生产低技术产品，进而发展低技术产业，带动产业结构调整。

（八）区位条件

在我国按区域划分为东部地区、中部地区和西部地区，按城市划分为特大城市、大城市、中等城市和小城市。在我国区域划分中，东部地区经济相对发达，地区基础设施配套相对完善，产业技术水平相对较高，人才供给比较充沛和制度政策比较完善，商业配套比较齐全，具有良好的区位优势。而良好的区位优势吸引大量人才流入，人才是高技术产业发展的保障，具有良好的区位优势的地区吸引高技术产业进驻，有利于产业结构升级。中西部地区经济相对欠发达，各行业人才相对缺乏，制度政策不够完善，对吸引高技术投资相对缺乏吸引力。因此，区位因素一定程度上影响产业结构。同样，在我国区域划分中，一些直辖市等特大城市和一些省会等大城市具有良好的区位优势，是各省市的政治经济和文化中心，在产业发展政策上有别于中小城市。一方面，这些特大城市和大城市作为政治经济和文化中心，其财政资源分配会给予倾斜，有良好的商业环境和产业政策配套，对人才和资本等要素具有较大吸引力，吸引人才和技术集聚意味着集聚人才、技术等创新因素，这样有利于发展高技术产业，促进产业结构升级。而中小城市因产业基础或政策配套等原因对创新人才缺乏一定的吸引力，发展高新技术产业存在一定的困难。

第四节　产业升级效率的内涵与影响

一、产业升级效率的内涵

产业升级效率的内涵体现在提升产业运行效率，效率是社会能从其稀缺资源中得到最多东西的一种状态,如劳动效率、生产效率、配置效率等。产业运行效率是体现投入产出的比例关系,一般意义上的经济效率划分为技术效率、配置效率和劳动生产效率等。制造行业的生产效率更多的是一种非帕累托效率,即处于一种资源配置非最优的状态,不少制造企业在生产经营过程中资源没有得到充分利用,资源配置效率不高,需要不断提升生产效率和资源配置能力,进一步调整产业结构。为提高资源要素在产业间和产业内的配置效率,需要调整产业结构。

二、产业升级效率的影响

产业升级效率影响的衡量应该考虑社会资本、劳动力、技术进步、对外贸易、外商投资、市场结构、行业经营绩效等因素。

（一）社会资本

社会资本的流动对产业发展和产业效率具有重要的影响。产业发展过程中吸引内资和外资,考虑资本的流动大小;产业发展中效率的提升需要考虑社会资本的流动方向。当社会资本流向高技术产业、智能制造行业或战略性新兴产业,这些行业的生产效率和配置效率会有所提升,即高技术产业、高端制造业或战略性新兴产业的资本配置效率往往趋于上升,而低端相关制造业资本配置效率则增长缓慢。

（二）劳动力

劳动力对产业升级效率产生一定的影响,但影响并不显著(丁志国,2012)。

在产业升级过程中,生产效率的提升主要是由技术投入的增加而非劳动力投入的增加。但劳动力配置合理与否会对产业技术提升产生一定影响,进而影响生产效率。一方面,劳动力配置是否合理本身是生产效率高低的一种体现;另一方面,一国(地区)产业技术的提升一定程度上依靠劳动力素质,高素质劳动力有利于产业技术创新与发展,促进生产效率的提升。

（三）技术进步

技术进步是驱动中国经济可持续增长的核心动力,也是实现经济发展方式方向转变和必然的路径选择。技术进步对中国制造业升级过程中技术效率和配置效率促进效应显著,且作用的效果强于其他要素资源。一方面,技术进步促进劳动生产效率的提升。随着技术的创新与发展,制造行业出现大量新设备和新工艺,新设备逐步替代旧设备或人工操作,大大提高劳动生产率,新的工艺流程取代旧的工艺流程,有的生产工艺环节直接用机器取代或减短工艺流程,同样可以大幅提高生产效率。另一方面,技术进步具有系统性,需要技术人才、高素质劳动力、技术研发、政策制度等资源因素作为支撑,在这些要素资源具备的条件下,其整体创新能力才会提升,进而推动技术进步。

（四）对外贸易

根据比较优势理论和H-O理论,对外贸易是要素配置、提高资源效率的一种途径。产品对外贸易一定程度上反映了要素资源配置的合理化程度以及要素价格的均等化程度,通过产品的对外贸易,企业一方面提高了生产经营效率,另一方面提高了生产要素资源的配置效率,包括劳动力、资金和技术要素的合理配置程度。同时,通过对外贸易,国际市场上相关资源的要素价格逐步趋于均等化,这表明各种相关要素得到了有效配置,提高了要素的配置效率。

（五）外商投资

外商投资的投入方向和结构优化一定程度上促进产业配置效率提升。在利用外资的过程中,外资的技术一定程度上在东道国会得到扩散和传播,提升东道国的技术水平和技术效率。但外商投资对制造业技术效率的影响并不显著,外商投资与制造行业生产效率的显著性不强（袁天天,2012）。这表明外商投资技术溢出效应比较低,可能的解释是外商投资与本地企业存在竞争,无法提升技术效率,从而降低了生产效率。

（六）市场结构

不同行业具有不同的市场结构,不同的市场结构具有不同的生产效率、技术效率和资源配置效率。市场结构与生产效率存在着较弱的正相关性,但显著性不强（朱钟棣和李小平,2015）。这表明合理的市场结构有利于行业生产效率的提升,但市场结构对生产效率提升的作用比较小。由于生产效率与技术效率、资源配置效率有一定的相关性,合理的市场结构对技术效率和资源配置效率也有一定的影响作用。

（七）行业经营绩效

行业经营绩效是影响行业效率水平的重要因素。行业绩效与生产效率之间存在显著的正相关关系（魏楚和沈满洪,2008）,表明行业绩效的提高对生产效率的提升具有显著的促进作用。制造业的技术效率随着其经营绩效的提高也呈现提升趋势（王丽丽和赵勇,2010）。行业经营绩效高一定程度上为行业技术效率和生产效率的进一步提升创造了有利的外部条件。

第五节 产业升级效率的测度与评价

新古典经济增长理论认为,经济持续增长的重要源泉之一是提升生产效率。生产效率成为衡量一国(地区)经济增长质量的重要指标。制造业升级本质上是制造业运行效率的提升,在投入产出的基础上,制造业升级过程可分解为产业运行中技术效率提升与配置效率提升。

一、产业升级技术效率的测度

技术效率是产业升级质量状况的综合体现,技术效率提升能够较大程度地推进产业升级。前沿随机分析法主要用于测算技术效率,是基于随机前沿模型构建、利用相关参数而进行统计的一种检验方法。尽管前沿面是随机的,前沿随机分析法在模型中设立了随机误差项和技术误差项,把随机误差项和技术误差项进行区分,不存在其他因素对技术非效率的影响,因此,采用前沿随机分析法进行测度,测度结果更趋近实际值。该基本模型如公式(2-1)所示。

$$Z_i = bX_i + (w_i - v_i) \tag{2-1}$$

其中产出以 Z_i 表示;投入量以 X_i 表示,是一组矢量;b 为参数,是一组待定的矢量;w 为随机误差项,服从 $N(0, w^2)$ 分布;v 是技术误差项。技术效率用 $TV = exp(-v)$ 表示,当 $v = 0$ 时,表明不存在技术非效率,即 $Z_i = bX_i + w_i$;当 $v > 0$ 时,表明存在技术非效率。

目前,前沿随机分析法被广泛运用,相关拓展模型较多。比如 Battese 设计的模型能够对平衡面板数据或非平衡面板数据进行处理,可以解释自变量对技术效率差异的原因。具体采用产出的期望与前沿随机期望的比值来表示技术效率。

$$Z_{it} = bX_{it} + (w_{it} - v_{it}) \tag{2-2}$$

$$TE = \frac{E[f(x,a)] \times exp(w-u)}{E[f(x,a)] \times exp(w-u) \mid u = 0} = exp(-uit) \tag{2-3}$$

产出以 Z_i 表示,投入以 X_i 表示,是一组矢量;b 为参数,是一组待定的矢量;w 为随机误差项,v 是技术误差项。

二、产业升级配置效率的测度

产业升级配置效率体现产业结构中不同产业比例关系及其资源配置利用的程度。在现有文献中,有两种方法测度产业配置效率:一是 Moore 结构模型,二是动态随机非参数数据包络。其中,Moore 结构模型揭示产业结构变化的过程和产业结构变化的高度(刘志彪,2002)。动态随机非参数数据包络分析法,结合数据包络分析法和前沿随机分析法两者的优点,也能将随机误差项与非效率误差项进行合理分离。

（一）Moore 结构模型

利用 Moore 结构模型测度产业结构调整的原理如图 2.5 所示。

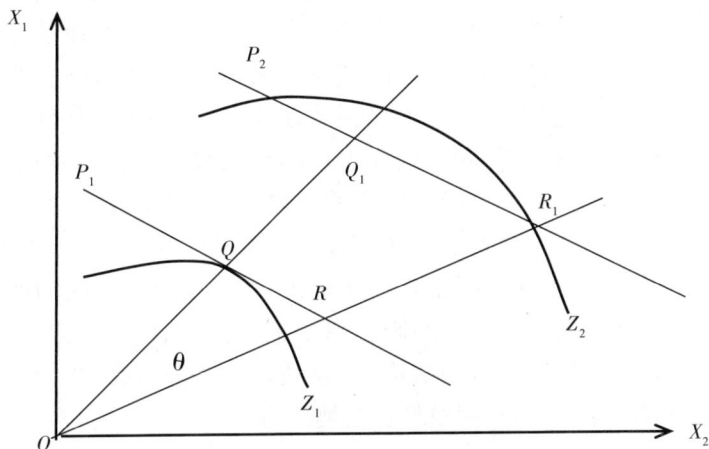

图 2.5 Moore 结构模型原理图

在图 2.5 中，X_1 表示一种产业，X_2 表示另一种产业，Z_1 和 Z_2 分别是基期和报告期的产业组织方式。Q 和 R_1 分别为基期和报告期的产业结构，P_1 和 P_2 是两条平行的直线，P_1 是 Z_1 的切线，Q 为切点。Q 和 R_1 产出的变化用向量 QR_1 表示，可分解为向量 QQ_1 和向量 Q_1R_1。向量 QQ_1 为两期产出增长总量，产出增长率 $OQ_1/OQ = OR_1/OR$，表明商品 X_1 和商品 X_2 的产出增长率是一致的，并且它们构成的变化决定了报告期产业结构的变化值，Q_1R_1 即产业结构变化值，具体值用 θ 来表示。

（二）动态随机非参数数据包络分析法

动态随机非参数数据包络分析法是一种非参数前沿分析方法，由 Kuosmanen 基于 SFA 和 DEA 提出。本书使用一种代表性模型，生产函数 $y=f(x)$ 表示生产技术，为了在生产函数中呈现"互联网+"因素，把时间变量 t 纳入经典生产函数 $y=f(x)$ 中，形成新生产函数 $f(x,t)$。函数 $\mu_i(t)$ 为非效率项，v_{it} 为随机误差项，得新的动态随机非参数数据包络模型：

$$y_{it} = f(x_{it},t)/[1 + \mu_i(t) - v_{it}] \tag{2-4}$$

$$y_{it} = f(x_{it},t) - \mu_i(t) \times y_{it} + v_{it} \times y_{it} \tag{2-5}$$

本 章 小 结

本章阐述"互联网+"驱动制造业升级的基础理论，主要包括"互联网+"的内涵特征、"互联网+"的作用方式与衡量指标、产业升级的内涵和特征、产业升级动机和影响因素、产业升级效率的测算与评价等内容。重点从互联网技术、互联网平台、互联网思维、网络效应四个维度阐述了"互联网+"内涵特征,依据四个维度分析了"互联网+"对制造业升级的作用方式和影响机制,并提出"互联网+"的衡量指标。根据互联网与制造业融合的本质,进一步从制造业"双创"平台、新模式新业态、新型工业基础设施等方面阐明互联网与制造业融合的关键评价指标。同时,从理论上阐明产业升级的内涵与外延,分析了影响产业升级的主要因素,包括劳动力、固定资产投资、技术创新等企业内部因素,政府税收、对外贸易、外资因素、发展水平、金融危机和区位条件等外部因素。在此基础上,本章进一步阐明产业升级效率的内涵,指出产业升级效率的影响因素主要有社会资本、劳动力、技术进步、对外贸易、外商投资、市场结构、行业经营绩效等因素,并分析产业升级技术效率和配置效率的测度模型及其测度方法。

第三章 "互联网+"对制造业升级效率影响的理论研究

通过分析"互联网+"驱动我国制造业升级理论基础,本章将进一步分析"互联网+"对制造业升级的影响机制,阐释"互联网+"对制造业升级效率的影响机理,探讨"互联网+"是否影响制造业升级,以及如何影响制造业升级。需要从理论上构建"互联网+"影响产业升级的理论模型,诠释"互联网+"对制造业升级的影响机制,解释"互联网+"对制造业合理化升级的影响机制和"互联网+"对制造业高度化升级的影响机制。制造业升级本质上是制造业运行效率的提升。制造业升级过程可分解成配置效率和技术效率等效率。"互联网+"能否影响制造业升级效率,如果能够影响制造业升级效率,"互联网+"对制造业升级效率的影响机理又是什么。这需要分析"互联网+"对制造业升级配置效率的影响机理,分析"互联网+"对制造业升级技术效率的影响机理,剖析互联网对制造业价值链攀升的影响机理,从而构建"互联网+"对制造业升级效率影响的新理论分析框架,揭示"互联网+"影响制造业升级效率的内在机制。

第一节 "互联网+"对制造业升级影响的理论分析

一、"互联网+"对产业升级影响的理论模型

产业升级宏观上主要表现为产业结构的优化升级,本章利用杜瓦蒂(Duarte,2010)模型,将"互联网+"这一变量引入到生产函数中,构建互联网驱动产业结构升级模型。假设一国经济由服务业、工业、农业三大产业组成,该三大产业在各个时期只生产服务业产品、工业产品和农业产品三类产品。

(一)模型构建

1. 生产部门

假设服务业典型厂商、工业典型厂商和农业典型厂商的生产函数为:

$$Y_i = B^{\lambda_i} B_i f_i(L_i, C_i), i = 1, 2, 3 \tag{3-1}$$

其中,Y_i 表示第 i 产业的产出,B 表示互联网引致的技术进步率,B_i 表

示第 i 产业其他因素引致的技术进步率，λ_i 表示在第 i 产业生产率中由互联网技术进步引致的部分，L_i 表示第 i 产业的劳动力，C_i 表示第 i 产业的资本。假设劳动力在三大产业间的流动不受约束，三大产业工资相等且为 w；第 i 产业生产的产品价格为 P_i。第 i 产业代表性厂商实现利润最大化即为公式（3-2）所示：

$$max\{P_i B^{\lambda_i} B_i f_i(L_i, C_i) - wL_i\} \qquad (3-2)$$
$$L_i \geqslant 0$$

2. 家庭部门

假设一国经济由一定数量的家庭组成，劳动力的总供给量以 L 来表示。由于代表性家庭在消费服务业产品的过程中获得效用，在消费工业产品和农业产品的过程中也获得效用，则其总的效用函数可表示为：

$$U(X_1, X_2, X_3) = \ln[aX_2^{\rho} + (1 - a)X_3^{\rho}]^{1/\rho} + V(X_1) \qquad (3-3)$$

其中，X_1 表示代表性家庭消费农业产品的数量，X_2 表示代表性家庭消费工业产品的数量，X_3 表示代表性家庭消费服务业产品的数量，$a \in (0, 1)$，$\rho < 1$。对于效用函数 $V(X_1)$，假设 X_1^* 为家庭维持生存水平消费农产品的数量，当 $X_1 \geqslant X_1^*$ 时，$V(X_1) = min\{X_1, X_1^*\}$，当满足 $X_1 < X_1^*$ 时，$V(X_1) = -\infty$。

综上所述，家庭所面临的效用最大化问题为：

$$max\{\ln[aX_2^{\rho} + (1 - a)X_3^{\rho}]^{1/\rho} + V(X_1)\} \qquad (3-4)$$
$$X_i \geqslant 0$$

其预算约束为：

$$p_1X_1 + p_2X_2 + p_3X_3 = wL \qquad (3-5)$$

3. 经济均衡

在确定效用函数以及生产函数后，对产业结构升级模型求均衡解，求得的价格集合 $\{p_1, p_2, p_3\}$ 是表示农业产品、工业产品和服务业产品的均衡解，厂商对劳动力资源的配置组合 $\{L_1, L_2, L_3\}$，以及家庭消费农业产品、工业产品和服务业产品的数量组合 $\{X_1, X_2, X_3\}$，一国经济求得均衡解需要满足的均衡条件如下：

第一，在产品价格集合确定的情况下，厂商使用劳动力资源以实现式（3-2）最大化的配置组合为 $\{L_1, L_2, L_3\}$，并且为实现式（3-4）的最大化，家庭消费农业产品、工业产品和服务业产品的数量组合为 $\{X_1, X_2, X_3\}$。

第二，劳动力市场供给与需求相等，即 $L_1 + L_2 + L_3 = L$。

第三，商品市场供给与需求相等，即 $X_1 = Y_1, X_2 = Y_2, X_3 = Y_3$。

首先，对模型方程求导，根据厂商的利润最大化的原则：边际收益 MR

等于边际成本 MC ,可以求得农业产品的价格 P_1 、工业产品的价格 P_2 和服务业产品的价格 P_3 :

$$P_i = w/ B^{\lambda_1} B_i \partial_{L_i} f_i(L_i, C_i) , \quad i = 1,2,3 \tag{3-6}$$

其次,由 $V(X_1)$ 的条件可知,当消费农产品的量 $X_1 = X_1^*$ 时,农产品消费量达到最优值,同理应用 Lagrange 法可得,消费服务业产品最优值和消费工业产品的最优值的比率 X_3/X_2 ,得到:

$$X_3/ X_2 = [ap_3/(1 - a)p_2]^{1/(\rho-1)} = c \tag{3-7}$$

结合式(3-7),可以分别得到工业产品和服务业产品最优消费值 X_2 和 X_3 :

$$X_2 = (wL - p_1 X_1^*)/(p_2 + kp_3) ; X_3 = c(wL - p_1 X_1^*)/(p_2 + kp_3) \tag{3-8}$$

(二)影响的推理

产业升级主要体现为产业结构升级和价值链升级,在互联网信息技术的驱动下,产业升级业逐步呈现制造业服务化升级的趋势,在产业升级过程中服务业产出增长比制造业产出增长要快。因此,产业升级表现为产业结构高度化(IS)升级,本章采用服务业与工业的产值之比来度量产业结构高度化,IS 值大表明产业结构向服务化方向发展演进,实现产业服务化转型升级。

将式(3-7)和式(3-8)代入 IS 的表达式中可得:

$$IS = Y_3/Y_2 = X_3/X_2 = [a B^{\lambda_2} B_2 \partial_{L_2} f_2(L_2, C_2)/(1 - a) B^{\lambda_3} B_3 \partial_{L_3} f_3(L_3, C_3)]^{1/(\rho-1)} \tag{3-9}$$

对式(3-9)中的 B 求一阶偏导数,可得:

$$\partial IS/\partial B = c(\lambda_3 - \lambda_2) B^{(\lambda_3-\lambda_2)/(\rho-1)-1} \tag{3-10}$$

其中,$C>0$ 且为常数。根据式(3-10),本文提出:

当 $\lambda_3 > \lambda_2$ 时,$\partial IS/\partial B > 0$。这表明当互联网技术对服务业效率的提升大于对工业效率的提升时,互联网技术促进产业结构升级。

当 $\lambda_3 < \lambda_2$ 时,$\partial IS/\partial B < 0$。这表明当互联网技术对服务业效率的提升小于对工业效率的提升时,互联网技术阻碍产业结构升级。

二、"互联网+"对制造业升级的影响机制

(一)"互联网+"对制造业升级影响的宏观机制

在宏观经济层面,制造业升级包括高度化升级和合理化升级。宏观机制重点研究"互联网+"如何促进制造业高度化升级、合理化升级的影响机

制,分析"互联网+"战略实施对于全球生产资源配置、产品国际竞争力提升的影响作用。

从产业结构理论可知,产业结构合理化与产业结构高度化相互之间存在相关性。产业结构高度化与产业结构合理化经常处于均衡状态或非均衡状态,呈现螺旋式上升的趋势。当产业结构合理化达到一定程度时,产业结构合理化与高度化的均衡状态被打破,两者处于非均衡状态,需要更高水平的产业结构高度化。当产业结构高度化达到并超过一定程度时,产业结构高度化与合理化的均衡状态被打破,而均衡状态一旦被打破,两者处于非均衡状态,产业朝着更高水平的结构合理化发展。因此,"互联网+"促进制造业升级需要解释"互联网+"对制造业合理化升级的影响机制和"互联网+"对制造业高度化升级的影响机制。

1."互联网+"对制造业高度化升级的影响机制

高度化升级主要体现为工业部门从低效率、低效益、劳动密集型向高效率、高效益和资本密集型方向发展。从产业的视角看,制造业高度化升级体现为知识密集型产业比重和技术密集型产业比重都逐步增大,而劳动密集型产业的比重逐步下降。具体体现为信息产业、高端先进制造业和战略性新兴产业比重上升,低技术含量的传统产业比重相对下降。由于"互联网+"具有改造和提升产业效率的功能,因此,"互联网+"作为新的创新要素,对传统制造业高度化升级和先进制造业高度化升级均具有重要的促进作用。

首先,"互联网+"促进制造业创新部门效率提升。随着互联网普及率的提升,基于互联网的工业新产品与新技术层出不穷,工业创新部门效率不断提升,网络运算能力不断增强,行业财务与订单系统的信息处理效率以及沟通效率不断提升,极大地降低了交易成本,对传统产业的产品设计与思维方式产生强烈冲击,展示出巨大的发展潜力。

其次,"互联网+"促进技术创新和传播。互联网基础设施的建设和完善为制造业技术创新和生产管理信息系统提供了有力的保障。一方面,技术密集型产业依托互联网传输知识和信息资源,开展网络化协同研发,促进技术创新;开展网络化产学研合作,促进技术扩散和传播,技术密集型产业技术扩散效应较为显著。另一方面,劳动密集型产业利用互联网技术扩散效应,开展技术吸收工作,改善制造企业生产技术工艺流程;依托互联网信息系统开展生产管理工作,完善制造企业的生产运作系统,提高劳动生产效率。

再次,"互联网+"促进工业制造部门组织创新。利用互联网开发新产品和新技术在一定程度上推动制造企业组织的创新与发展,互联网技术的广泛应用推动制造部门重组业务流程,打破原有的组织形态,重新成立新的组织部门和组织形式,推动组织创新。在原有技术条件下,制造业部门提升生产效率和创新能力也需要依靠组织及制度创新,这将倒逼企业进行组织创新,形成开放柔性的组织创新体系,提高生产效率。

2."互联网+"对制造业合理化升级的影响机制

产业结构合理化本质上是特定技术水平下产业结构从相对不合理到相对合理再到相对不合理的动态调整过程。一国(地区)产业发展的基础性要求是产业结构合理化,当制造业产业结构合理化水平被打破并处于不合理状态时,创新资源要素在制造业不同行业之间发生流动,一直到资源投入产出处于相对均衡状态;当制造业产业技术水平出现变化时,产业结构又会出现不均衡的状态,不同行业之间的创新资源要素又会发生流动调整,直到处于新的相对均衡状态。

首先,"互联网+"加速制造业的信息流动,推动制造业结构向合理化发展。当"互联网+"技术对制造业影响较小时,制造业产业结构合理发展,但处于较低层次的状态,各产业间保持相对合理发展。随着互联网技术的发展,互联网技术对制造业影响越来越大,随着信息流动,知识、技术等创新要素在制造业各产业部门内部加速发生流动,产业部门效率得到提升,产业结构原先处于均衡的状态被打破,产业结构呈现出不均衡的状态。

其次,"互联网+"提升制造业结构合理化程度。在互联网驱动下,创新要素发生流动,产业结构出现不均衡的状态。随着互联网技术水平的提升,"互联网+"等创新要素从加速流动到达均衡状态,在制造业行业中新兴产业发展加快,传统产业得到改造,制造业产业结构达到较高合理化水平,达到合理化较高的均衡状态。

再次,在互联网驱动下,对于知识密集型产业和技术密集型产业而言,与劳动密集型产业相比较,互联网技术对知识密集型、技术密集型产业的促进作用更为显著,"互联网+"驱动知识、技术密集型产业在更高合理化水平上的发展速度快于其他劳动密集型产业,制造业各产业结构的均衡状态又被打破,"互联网+"驱动下的产业结构出现更高层次的不均衡状态。此时,制造业现行组织结构及制度形式不再匹配,必须重构制造业务流程,推动制造业向更高合理化水平升级。

(二)"互联网+"对制造业升级影响的中观机制

中观机制重点以我国制造业产业集聚的集群模式为依托,研究传统制造业集群与"互联网+"融合的内在机理,分析"互联网+"如何促进产业集群优化升级以及如何与制造业供应链协同,探索智慧型产业集群培育机制。

1."互联网+"对制造业集群升级的影响机制

根据国外学者提出产业集群升级四阶段理论,"互联网+"对制造业集群升级的影响机制主要体现在"互联网+"对集群工艺升级的影响、"互联网+"对集群产品升级的影响、"互联网+"对集群功能升级的影响、"互联网+"对集群跨领域升级的影响四个方面。本书根据产业集群升级四阶段理论,具体探讨"互联网+"推动产业集群升级的影响机制。如图 3.1 所示。

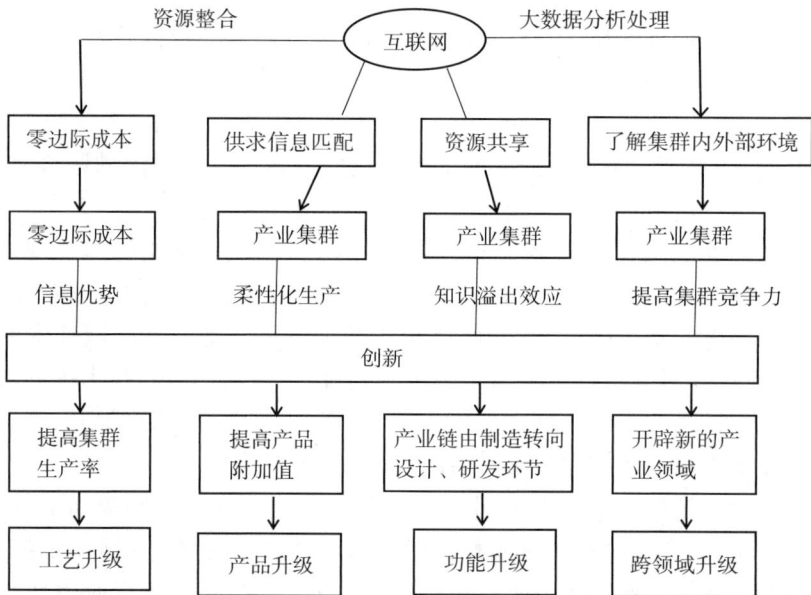

图 3.1　"互联网+"推动产业集群升级的影响机制

(1)"互联网+"推动制造业集群工艺升级的影响机制。集群企业通过互联网可以更好地了解消费者需求信息,掌握市场环境,根据网上消费者对产品需求和设计的意见,促使集群企业改造生产线,改善生产流程,改进生产工艺,为集群企业提高生产工艺水平增加动力,推动产业集群工艺升级。同时,就新产品生产而言,产业集群通过互联网协同改进生产流程和生产工艺,或者利用互联网直接引入新生产线、新工艺,开始生产新的产品,保证新产品质量,推动产业集群工艺升级。

(2)"互联网+"推动制造业集群产品升级的影响机制。随着居民收入水平提高,居民消费趋于个性化、多元化,消费结构呈现出由生存型消费向发展型消费升级的趋势。集群企业通过互联网为用户提供了多样化的各类产品,同时在设计研发新产品时,利用互联网让用户参与研发设计,为企业提出各类有价值的意见或建议,以便完善设计,更加符合用户需求,并生产性能更好的产品来满足用户的需要。用户在消费使用产品后,通过网络评价提出一些意见建议和实际需求信息,反馈给制造企业;企业根据用户需求信息提供个性化的产品,创新生产方式,提升产品附加值,逐步实现基于用户需求主导的柔性化生产,推动产业集群产品升级。

(3)"互联网+"推动制造业集群功能升级的影响机制。制造业集群企业一方面要积极制定品牌策略,利用互联网积极向全国乃至全球用户宣传集群品牌,加强品牌宣传,让全国乃至全球潜在用户了解品牌,购买品牌产品,提高集群品牌的影响力。同时利用互联网平台协同设计新的产品,形成新的品牌,加强对产品品牌宣传的培训服务和产品质量的检测工作。另一方面集群企业借助互联网信息技术实现交流与合作,突破地理空间界限,为集群企业间开展学习与创新活动创造良好的外部环境。集群成员企业基于互联网平台实现全球范围内的信息与知识共享,产生知识溢出效应,促进知识信息向集群上下游产业链延伸,这样不仅激发集群企业研发创新的动力,而且降低集群企业创新的研发成本和交易成本,推动集群产业链由传统制造向自主研发环节转型升级。

(4)"互联网+"推动制造业集群跨领域升级的影响机制。在制造业集群升级过程中,制造业集群通过互联网平台和大数据分析可以了解用户的真正需求,分析不同行业产品的供求状况,熟悉不同行业的经营状况和盈利水平。明确新兴产业的发展状况和盈利水平,熟悉传统制造业的发展状况和盈利水平,进而制定战略,明确夕阳行业和朝阳产业,并根据经营现状判断需要进入的行业和需要退出的行业,实现制造业集群经营跨领域升级。同时,产业集群企业通过大数据系统获得研发和生产销售的大量数据并存储数据,集群大数据系统对集群企业获得的数据进行分析处理,通过大数据分析处理,产业集群利用数据反馈引导集群企业从事正确的生产活动,实时掌握集群内外部环境,从中提取集群数据的有效价值,挖掘数据潜在价值,促进集群生产协作以及风险防范。

2. 基于互联网的制造集群企业与制造业供应链主体协同机制

集群企业处于供应商、消费者等所组成的供应链之中,集群企业与供应链中上下游主体都应协同,形成协同机制。首先,制造集群企业与供应商应有效协同,优化采购流程,协同解决和优化经济订购批量、大规模订购、原材料仓储和运输、供货流程等问题,保证制造企业获得廉价优质的原材料和低成本。其次,制造集群企业与用户之间的有效协同。集群企业一方面通过互联网为用户提供多样化和个性化产品,满足用户的需要;另一方面利用互联网让用户参与研发设计,为企业提出各种有效的意见建议,完善产品设计,生产更加符合用户需求的高质量产品,加强制造集群企业与用户的有效协同设计,形成制造集群企业与用户的有效协同机制。如果制造集群企业与制造业供应链主体协调不力,则制造业集群绩效受到严重的负面影响。作为现代信息技术工具的代表,互联网是推动集群企业间高效信息分享和供应链协同的有效手段,它降低了沟通成本,促进了企业间合作。从供应链层面的角度,制造集群企业应利用互联网技术实现更好的供应链关系管理。

3. 基于互联网的产业集群与市场、政府互动机制

市场、政府在"互联网+"推动产业集群升级的过程中具有重要作用。从市场的角度看,集群与市场两者一定程度上体现了信息来源者与信息接收者的关系。市场为集群提供需求信息,指明了集群发展的方向;市场为集群生产提供的大量原材料和半成品,保证集群企业可以正常地生产经营;市场也为集群企业生产提供检验,检验集群企业的产品是否符合用户需求,集群企业的产品能否满足用户个性化需求,集群企业有无能力生产以及生产中存在何种问题。同时,集群通过互联网及时了解客户市场信息,研发生产智能制造产品,满足用户个性化需求和差异化需求,减少库存或实现零库存。从政府的角度看,一方面,政府是集群互联网化升级的监管者,政府通过互联网了解市场供求信息,规范网络环境,并对市场进行监管,制定相关政策措施;另一方面,集群作为政府的纳税人,通过税收政策和税收调节,对集群企业进行征税和退税,引导集群企业出口,并通过调整产业政策,规范集群发展方向,引导集群企业向高新技术产业和战略新兴产业发展,同时支持产业集群利用大数据提高技术创新和网络化协同创新能力(见图3.2)。

(三)"互联网+"对制造业升级影响的微观机制

微观机制重点从微观企业层面研究企业生产函数的"跃迁",通过引入"互联网+"这一变量分析企业生产效率如何提升的途径,研究制造企业如何通过"互联网+"促进产品创新、技术创新和生产流程创新进而提升效率。

1. "互联网+"对制造企业创新的影响

互联网不仅消除了信息传递的障碍,而且增加了知识的传播力,推动了企业的技术创新(Paunov 和 Rollo,2016)。首先,制造企业利用互联网可以快速、低成本获得各类信息和知识技术,增加了企业的知识和技术存量,消除了知识、信息传递的障碍,并利用所获得的信息和知识进行技术改造或技术创新。其次,互联网促进知识在企业内外部扩散,体现了网络效应具有正外部性,知识信息通过互联网进行扩散,这对传统企业构成创造性破坏,更

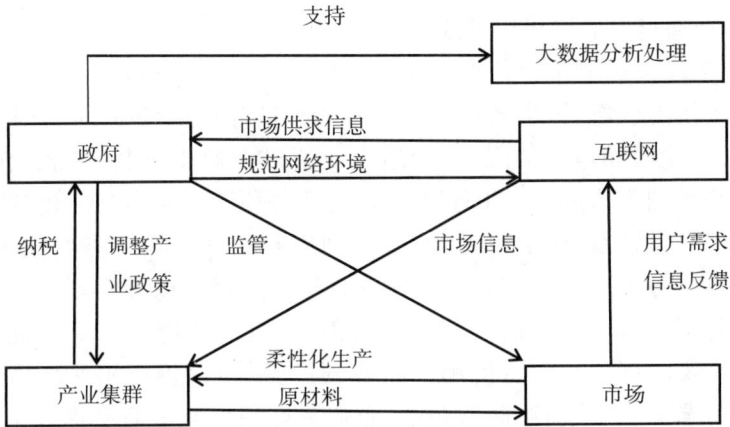

图 3.2 "互联网+"下集群各主体间的关系

容易产生高质量的创新成果,研究表明互联网对企业创新网络空间的延展具有显著的正向作用。

2. "互联网+"对制造企业商品销售的影响

销售是制造企业经营活动的关键环节,不仅关系能否实现商品价值和使用价值,更重要的是在一定程度上影响企业的生存与发展。互联网对商品销售影响主要体现在营销模式和营销渠道上。

互联网信息接收便利促使企业以更低的成本获得更多的信息,增加企业知识存量,为实现企业创新积累充分的知识。

第一,制造企业通过互联网实现网络营销模式。网络营销功能较为强大,有利于制造企业低成本销售,提高销售业绩,并通过网络进行产品宣传。一方面,消费者获取信息的渠道不再仅仅是企业,互联网可以为消费者带来大量信息(Ivanov,2012);另一方面,互联网改变营销场所,拓展交易时间,通过互联网进行宣传销售可以不受时空的限制,也可以全天候地进行网络营销,节省了销售的空间场所和费用(Hamidi 和 Safaba-Khsh,2011)。

第二,制造企业通过互联网直接销售商品。在互联网渠道下,制造商可以直面消费者需求,直接通过网络将产品出售给消费者(Chen,2013),这样不仅简化了销售流程,降低了销售成本(Dan,2014),而且为消费者搜寻和购买商品带来了便利。利用自媒体等互联网开展产品营销,促使企业向创新驱动、价值驱动转型升级。研究表明企业通过互联网拥有越高的电子商务能力,企业绩效提升越大(Saeed 等,2005)。此外,企业通过互联网订货或者交货都是非常快捷高效和低成本的,由于互联网边际成本是递减且很低的,企业通过互联网可以低成本销售。

3."互联网+"对制造企业产品的影响

从产品需求看,消费者通过互联网购买商品更加便捷,可以全天候随时购买,不受时间地点的限制;制造企业通过大数据分析,不仅可以随时了解消费者的需求状况,并且随时向消费提供多样化、个性化的各类产品。从产品设计看,企业设计产品时,利用互联网让用户参与研发设计,为企业提出各类有价值的意见或建议,以便完善设计,使得设计好的产品更加符合用户需求。提倡产品体验购买,并生产性能更好的产品来满足用户的需要。用户在消费使用产品后,通过网络评价提出一些意见建议和实际需求信息,反馈给制造企业;企业根据用户需求信息提供个性化的产品,创新生产方式,提升产品附加值,逐步实现基于用户需求主导的柔性化生产。

4."互联网+"对制造企业生产流程的影响

"互联网+"对制造企业生产流程影响主要的体现是促进生产流程创新和提升制造企业生产率。它的影响直接反映在"互联网+"对传统制造企业生产的流程影响和对先进制造企业生产的流程影响。"互联网+"对传统制造企业生产流程影响主要体现在制造企业通过工业互联网集成从原材料物流到生产运作等各环节终端,实现生产流程创新,从根本上提升了工业制造企业的运作效率。"互联网+"对先进制造企业生产流程影响主要是制造企业通过工业互联网整合制造资源,形成柔性生产系统流程,满足大规模定制生产和用户个性化需求。

第二节　"互联网+"对制造业升级效率的影响研究

制造业升级本质上是制造业运行效率的提升。在投入产出的基础上,把制造业升级过程主要分解成两类效率,一类是配置效率,另一类是技术效率。配置效率是体现要素配置得到产出的提高程度,前提是技术水平不变以及要素投入总量不变;技术效率是指产业最大产出的能力,前提是投入水平不变。具体分解过程如图3.3所示。

本书从模型角度阐述产业运行效率,在1单位产出 Y 的前提下,横轴表示要素 X_1 的投入,纵轴表示要素 X_2 的投入,CC' 为等成本曲线,OQ 为产业规模扩展线。UU' 是生产前沿面,也是投入产出最优效率点的集合曲线。当样本产业处于最优效率集合曲线 UU'、CC' 和 OQ 的交点 J 表示该产业

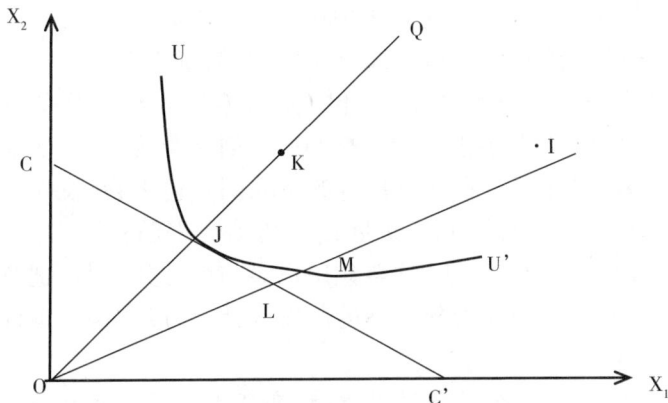

图 3.3　效率分解图

技术效率和配置效率均最优,点 K 表示产业配置效率最优而技术效率非最优。当样本产业不在规模扩张线 OQ 上时,点 M 表示产业技术效率最优而配置效率非最优。当产业既不在最优效率集合曲线 UU'上,也不在规模扩展线 OQ 上时,则表示存在技术非效率和配置非效率。产业升级目的是使产出点 I 向点 J 靠近。

一、"互联网+"对制造业升级配置效率的影响

制造业升级过程是生产资源要素优化配置的过程,在市场价格不变和技术水平确定的条件下,配置效率是指要素投入优化导致产出增加的程度。要素配置效率提升过程本质上是通过产业结构优化促进产业升级的过程。随着互联网的迅速发展,互联网逐步融合制造业的各个环节和产品全生命周期,形成制造业资源配置的新方式,释放制造企业的创新潜力,促进制造业转型升级,互联网成为新的资源配置工具。

（一）互联网实现知识与信息共享,提高信息资源配置效率

"互联网+"打破企业组织边界和物理位置的局限,知识通过互联网伴随人才流动辐射到世界各地,改变社会生产组织模式;同时,全方位、多层次的信息传播为企业和消费者提供了范围更广的交往平台,社会信息分享模式得以改变。通过信息共享,制造企业将产品直接送达消费者,消费者作为信息传递者,实时地参与生产和价值创造的全过程,并将意见反馈给制造企业;制造企业借助社交网络、大数据等新技术实现与用户精准互动,推进定制化柔性生产,并以互联网预订的形式进行生产和销售,满足消费者多样化需求,有效降低库存。制造企业通过互联网与消费者的联系变得更为直接,

这导致价值链主导权从制造企业手中逐步转到消费者手中。

（二）互联网扩展创新动力来源，提升创新资源配置效率

众多微小企业依托互联网以众包、众筹、众智等众创形式，施展各类人员的创意，催生出大量的创新产品，推动产业创新发展。在产品研发设计方面，一方面制造企业通过自建或现有的互联网众包平台，发布研发创新需求，广泛收集各类人员的创意，扩展创新的动力来源；另一方面制造企业借助互联网通过与用户沟通，甚至让用户参与设计并体验，把意见和建议反馈给制造企业，从而完善新产品的研发设计，形成与用户良性互动的创新环境。

（三）互联网拓宽金融配置渠道，提高资本资源配置效率

金融机构通过中国人民银行互联网网站可以了解企业的贷款情况，识别经营风险；通过税务机构网站可以了解企业缴纳税收情况、经营情况和财务情况。对于企业而言，通过网上银行、网上借贷等融资渠道获得所需的小额贷款。因此，相对于效率低、交易成本高的传统金融配置渠道，互联网金融配置渠道不仅有效降低了贷款风险和运营成本，而且可以对借款企业的资金流、商品流、信息流实现持续闭环监控，具有客户参与度更高、操作更便捷等特点。

（四）互联网促进制造资源云化，提升各类资源配置效率

各类制造资源通过融合网络化制造、物联网和制造网格等技术，将信息流、物流、资金流、服务流整合成云制造平台，进行统一集中的智能化经营和管理，实现制造资源服务化。制造资源通过云化为用户提供优质廉价、标准规范、安全可靠、可共享获取的制造全生命周期服务。云制造设备资源主要为企业提供生产加工服务，物料资源模块和软件资源模块分别提供制造所需要的原材料、毛坯半成品和设计、仿真分析等软件服务，服务资源和人力资源模块分别包括信息咨询、培训、物流、售后服务等和生产管理、技术应用等专业人员。

二、"互联网+"对制造业升级技术效率的影响

技术效率是在市场价格不变和要素投入比例确定的条件下，由于技术水平提升、经营方式优化所产生的产出状况。由于产出状况通常表现为产品附加值，技术效率提升最终表现为产品附加值的提升。从制造业运行的环节看，在要素配置状况既定的条件下，产品附加值体现在价值链上，价值链决定产业经营方式和产业获利能力。同一价值链上不同地区的产业获利能力有所差异，不同地区的产业在价值链上由低附加值向高附加值环节攀

升,而技术效率提升是价值链攀升的必要条件。技术效率提升本质上是地区产业在价值链上攀升、增加产品附加值并实现产业升级的过程。

（一）互联网对制造业技术效率提升的促进作用

首先,互联网技术打破信息不对称的壁垒,加快信息的流动速度,降低信息传递的成本,提高决策效率和技术效率。市场中交易各方信息不对称容易导致市场交易各方的利益失衡,影响技术资源配置效率和社会公平（罗珉和李亮宇,2015）。企业利用互联网获取准确信息,提高信息准确性和信息传递的及时性,资源配置和技术效率得以提升,在交易过程中供需双方彼此了解相关信息,交易信息更加对称,缓解了各方利益失衡的矛盾。其次,互联网平台优化交易各方资源配置,这使交易成本得以降低,交易外部性问题得到解决。现实中由于交易费用和信息不对称的存在,无法有效解决交易外部性,互联网平台一方面降低经济交易中的交易费用;另一方面通过对双边用户之间价格结构调整方式将经济交易的外部性内部化（Rochet 和 Tirole,2006）,显著提升双边用户的成交概率和技术效率。

（二）互联网对制造业技术效率提升的抑制作用

从垄断角度看,互联网平台的广泛应用使得产业垄断更加普遍,一定程度上不利于技术效率发挥。传统产业在"互联网+"过程中具有"成本次可加性"特质,形成垄断的概率大幅度提升。同时,根据互联网平台的网络外部性,产生的大量用户将呈现集聚效应,平台垄断的可能性进一步加大（徐晶卉,2015）,这种垄断会被掌握新一代技术的企业不断迭代,产业内存在大量垄断企业不利于技术效率的发挥。从制造企业角度看,在互联网改造传统产业的初期,由于云计算、大数据和 3D 打印等技术尚未普及,制造企业无法满足大量定制化生产的需求,只能通过使用一定规模的标准化生产设备,提供多样化产品来满足消费者需求（吴义爽、盛亚等,2016）,生产设备的配置效率和技术效率较为低下。在经济增长过程中技术进步呈现非线性,体现为新技术出现、旧技术淘汰,旧生产技术设备不适应新技术生产力等。与此同时,传统制造企业运用互联网的积极性不高、意识较为淡薄,互联网将给传统制造业带来破坏性创新。因此,在互联网改造传统制造业的初期,互联网对制造业技术效率的抑制作用大于互联网对制造业技术效率的促进作用。

三、"互联网+"对制造企业升级生产效率的影响

第一,企业应用互联网信息技术提升员工的工作技能,提高企业劳动生

产率。企业运用互联网信息技术的前提条件是高技能型的劳动力,企业应用互联网信息技术增加了企业对技能型劳动力的需求,岗位需求从中低技能工作转向高技能的专业化工作,企业通过对员工技能培训提高互联网信息技术应用水平,提升员工的工作技能和劳动生产率。随着互联网信息技术的广泛应用,企业内外产生和传输的信息量增大,需要对数据信息进行更集中的分析管理,这催生了企业对高技能管理人员的需求。互联网技术一方面促使企业培训劳动力,通过互联网让员工真正掌握技术,提高和掌握技术能力;另一方面,互联网技术促使员工具有更大的自主性和积极性,通过团队合作和相互轮岗等方式,让员工掌握管理技能和人际交往技能,促进企业通过互联网培训员工,提高人力资本,进一步提高劳动生产效率。

第二,互联网技术促进企业组织发生变革,改变企业内部的组织形态,提高企业生产效率。一方面,互联网技术促进企业由原先的锥型组织向扁平形组织转变,减少组织层次,增加管理幅度,在企业人员不变的前提下,减少了中间渠道,提高了信息传输的速度和灵活性,使得企业的决策能够快速执行,减少信息失真,由原先的非程序化决策转变为程序化决策,提高了企业运行效率。随着互联网技术的广泛应用,企业的管理组织结构变得更加柔性,能够适应外部环境的变化,真正实施分权决策,让基层员工的自主性权力更大,更加灵活地根据环境变化,实施组织的灵活变革,实现企业生产流程再造和管理流程再造,快速提高组织的效率和劳动生产率。通过互联网促进企业文化的变革,促进员工更加善于分工合作,形成积极向上、互帮互助的开放式企业文化,提高企业生产效率。

第三,"互联网+"推动企业技术与工艺创新,提高生产效率。基于互联网新一代信息技术与传统企业深度融合,推动企业创新能力提升。制造企业依托 APP 等互联网平台,在技术研发与生产制造中全面应用大数据、云计算,并把互联网技术逐步应用到企业业务流程以及销售贸易等环节中,企业借助互联网获得大量有用信息,实现低成本交流、实时分享成果,互相启发创新思路,快速推动制造业技术创新,进而提升生产质量与效率。技术创新是企业发展不竭的动力,只有把新技术融入传统企业,推进技术与工艺创新,才能解决企业发展中存在的效率问题。因此,企业只有不断开展技术创新和工艺创新,以创新的意识和精神、创新的举措和工作,生产出高质量的新产品,才能持续不断地实现产出高效率和高效益,增强核心竞争力。

第四,"互联网+"为企业获得有价值的信息,提升企业运营效率。企业通过"互联网+"获得上下游企业与客户信息更加便捷,提高了市场主体信息透明度,更好地了解上下游企业与客户的需求(谭松涛等,2016)。对于企业而言,客户在微信和二维码平台上的评价都是一组重要的数据,企业通过微信、二维码平台等方式实现与客户的实时沟通与互动,并通过在产品内设置传感器、处理器,获得海量产品运行数据,企业可以及时了解客户对产品的需求和建议,通过这些方法可以收集用户对产品评价和售后服务需求等相关信息,逐步改进产品功能、提升产品效能。企业通过大数据、互联网技术加工处理这些相关信息,可以更好了解用户对产品的真实需求及其满意度,然后有针对性地改进产品,更好地服务用户,提升企业生产运营效率。与此同时,通过"互联网+",企业可以更好地了解自身经营存在的问题。通过互联网用户可以不受时空限制向企业表达其个性化需求信息,用户个性化需求倒逼企业整合各类资源,改进产品研发设计,提高经营效率,使企业规模化生产适应不同客户的个性化需求,进一步实现商品交易。企业借助"互联网+"让用户参与相关产品设计和产品研发,实现企业和用户互动,进一步维护了用户忠诚度,提高了企业经营效率。

第三节 "互联网+"对制造业价值链攀升的影响机理

"互联网+"对制造业研发生产和消费模式具备再造功能,促使制造业全球价值链的重构,为制造业全球价值链攀升提供新契机。

一、以消费者和大数据为主导驱动的
研发模式再造形成价值链重构

根据产业互联网的互联特性,通过产业互联网传统价值链中各个参与主体间的垂直线性模式被打破,各参与主体之间形成了由"链"到"网"的模式(见图3.4),消费者可以不受时空限制参与企业研发过程,实现企业研发与消费者直接互动。这不仅使研发模式从封闭式研发创新转向开放式研发创新,而且相对于传统价值链,信息传导更直接、更迅速,为企业快速响应市场用户需求提供可行途径,扩大企业自身优质增量供给。在产业互联网下,大数据、云计算、物联网等信息技术为研发环节数字化提供基本条件,研发设计环节数字化能够实现虚拟环境下产品协同设计、仿真模拟功能等,还可对用户行为和需求进行数据量化分析,精准地估算用户真实需求,进行有针对性的研发设计。不仅弥补市场需求缺口,避免市场供给过剩,而且优化企

业存量资源配置,在价值创造中贡献需求侧力量。

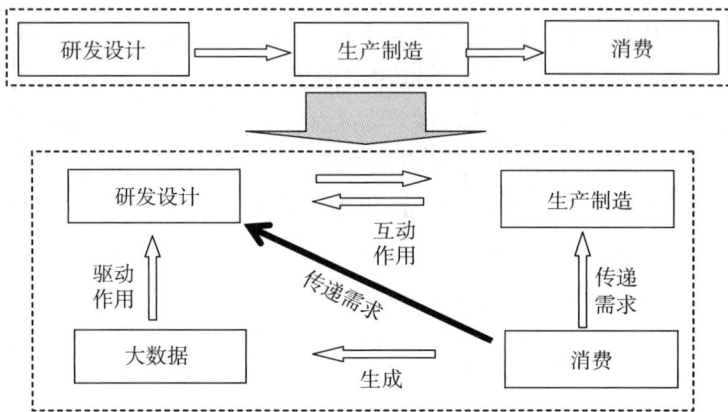

图 3.4   传统研发模式向以消费者和大数据为主导的模式转变

二、以数字车间和智能工厂为主导驱动的
生产模式再造促使价值链重构

在生产制造环节中,产业互联网的应用为传统生产模式向工厂数据化和智能化生产模式转变提供机会,驱动生产环节由劳动密集型向技术密集型转变。对于数字车间和智能工厂,大数据信息系统是制造企业生产管理的指挥系统,工厂订单信息全部由数据驱动,数据在信息化处理过程中完全打通,实时共享传输,完全替代传统生产的人工转换与纸质传递。在生产线智能化方面,制造流程中导入数字化系统和智能设备,实现信号识别、智能去料、智能裁剪等;在生产流程物料循环方面,采用智能分拣配备系统、智能吊挂系统与智能分拣送料系统。制造企业将自动化设备与信息交互读取相结合,通过生产执行管理系统(MES)实现制造流程智能化和产能最大化,通过仓库管理系统(WMS)实现库存最小化,通过生产规划及排程系统(APS)实现排程最优化。通过信息物理系统将生产数据传送至云计算中心进行存储和分析,对所涉数据进行快速处理和反馈,促使工业生产控制和管理都更趋于优化。因此,凭借云计算、大数据、移动物联网等互联网技术,将智能制造新模式与传统办公、研发、生产、销售、服务等整个制造业生命周期迅速融合,实现精细高效的智能工厂,推动传统制造模式向智能制造模式加速转型(见图 3.5)。

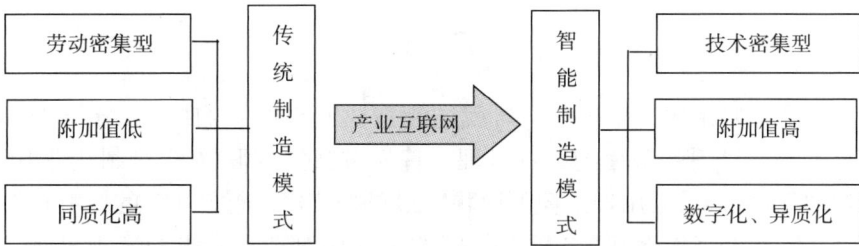

图 3.5　传统生产模式向以数字车间和智能工厂为主导驱动的模式转变

三、以产品全生命周期为主导驱动的消费模式再造促进价值链重构

根据产品生命周期理论,产品全生命周期是指产品从需求分析、设计研发、生产制造、包装运输、销售消费到回收处理及再利用的整个生命周期过程。在传统价值链中,消费模式以生产为主导,消费者受客观条件限制不参与其他环节,只在价值和使用价值的所有者进行交换的环节中被动出现。制造企业根据市场和消费者自行设计制造商品或服务,然后通过各种渠道传递给消费者。因此,在传统价值链中,消费者差异性在一定程度上被忽略,较低的价值创造过程参与度将消费者定位为价值接受者角色,使其在价值传递中较为被动。在产业互联网背景下,产品全生命周期中各阶段受到较大冲击和影响(见图 3.6),制造企业基于大数据、云计算和物联网,可对需求进行更大规模、更为精确的定位和分析,构建数据驱动的产品研发体系,基于"终端+云端"工业大数据平台、C2B 互联网平台,实现个性化定制和流通商业模式创新,使工业产品市场摆脱物理时空的限制。

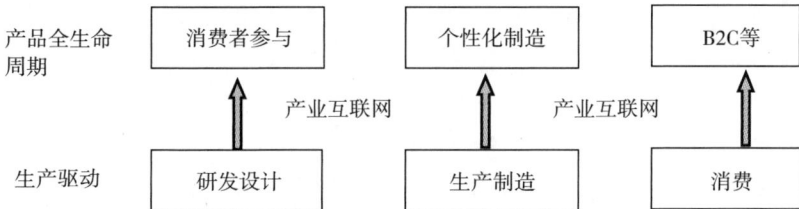

图 3.6　传统消费模式由生产驱动向以产品全生命周期为主导的驱动模式转变

本 章 小 结

　　本章主要阐述"互联网+"对我国制造业升级的影响机制,分析"互联网+"对制造业升级效率的影响机理。首先,构建"互联网+"对制造业升级影响的理论模型,运用理论模型诠释"互联网+"对制造业升级的影响机制。一是从宏观经济层面阐释"互联网+"驱动我国制造业升级的宏观机制,重点研究"互联网+"促进制造业高度化升级、合理化升级的影响机制,分析"互联网+"战略实施对于全球生产资源配置、产品国际竞争力提升的影响作用。二是从产业层面分析"互联网+"影响我国制造业升级的中观机制,重点以中国制造业产业集群为依托,研究传统制造业集群与"互联网+"融合的内在机理,分析"互联网+"促进产业集群优化升级及其与制造业供应链的协同,探索智慧型产业集群的培育机制。三是从企业层面剖析"互联网+"影响我国制造业升级的微观机制,重点研究企业生产函数的"跃迁",通过引入"互联网+"分析企业生产效率提升的途径。其次,分析"互联网+"对制造业升级效率的影响。制造业升级本质上是制造业运行效率的提升,本章进一步分析"互联网+"对制造业升级配置效率、技术效率以及企业劳动生产率的影响。互联网对配置效率的影响体现为互联网与制造业融合形成制造业资源配置的新方式,促进制造业转型升级;"互联网+"对技术效率的影响体现为互联网打破信息不对称的壁垒,提高技术效率;互联网对劳动生产率的影响体现为"互联网+"推动企业技术创新与工艺创新,提高生产效率。再次,分析互联网对制造业价值链攀升的影响,互联网对制造业研发模式、生产模式和消费模式具备再造功能,促进制造业全球价值链的重构。

第 二 篇

实证分析:发展现状、效率测度与实证检验

第四章 "互联网+"与我国制造业融合的发展现状及差距分析

随着新一轮科技革命的兴起,"互联网+"与制造业融合越来越紧密,工业互联网成为全球产业变革的重要支撑平台。作为"互联网+"与制造业融合的一个重要平台,工业互联网是以数字化、智能化为主要特征的关键基础设施,对制造业智能化、数字化发展起着非常重要的支撑作用,能够大范围、高效率地实现资源优化配置,催生新业态、新模式,促进制造业转型升级。在新一轮工业革命浪潮中,发达国家加速建设工业互联网,抢占工业发展的制高点,构建制造行业核心技术标准,积极构建数字驱动的制造业新业态、新模式,国际制造业技术竞争非常激烈。

然而,我国工业互联网建设目前处于起步阶段,虽然在国际合作和标准测试等方面有了初步进展,但发展水平远远有待提升。目前,我国制造业与互联网融合发展的态势主要体现为互联网逐步向制造业流程的研发、生产、供应、销售和服务等环节渗透。然而,我国制造业与"互联网+"融合发展究竟达到何种程度,制造业在与互联网融合发展中主要存在什么问题,与发达国家相比,我国制造业与互联网融合发展的差距是什么,又有哪些国际经验可以借鉴,这些问题都需要进一步研究,也表明我国建设制造强国和网络强国任重道远。

第一节 "互联网+"与我国制造业融合的现状分析

一、工业互联网行业发展历程及市场现状分析

随着物联网、云计算、大数据和人工智能的发展,新一代信息技术与传统制造业融合加速,一系列新生产方式、新组织形式和新商业模式开始涌现,工业互联网正加快推动我国工业智能化改革。工业互联网是以新一代信息技术与制造业全方位融合为基础的一种新型产业应用系统,为制造业实现智能制造提供网络基础设施,对实现《中国制造2025》具有关键作用。工业互联网发展具有智能化和数字化的特征,工业互联网能够促进企业内部运营管理优化,实现实时监测控制和数据集成,企业外部服务增值、供应

链协同和需求匹配;通过协同设计、众包众创、个性化定制和网络营销服务,促进企业柔性制造和协同制造。

　　我国是制造业大国,也是互联网大国,根据统计资料表明,随着大数据、物联网、人工智能、超级计算机产业的发展,我国在工业领域中应用的系统软件、应用软件、嵌入式软件等软件快速发展,2017 年工业软件行业市场规模达到 1412.4 亿元,2018 年工业软件行业市场规模达到 1678.4 亿元(见图 4.1),软件关键技术的快速发展为制造业发展提供了软件基础。

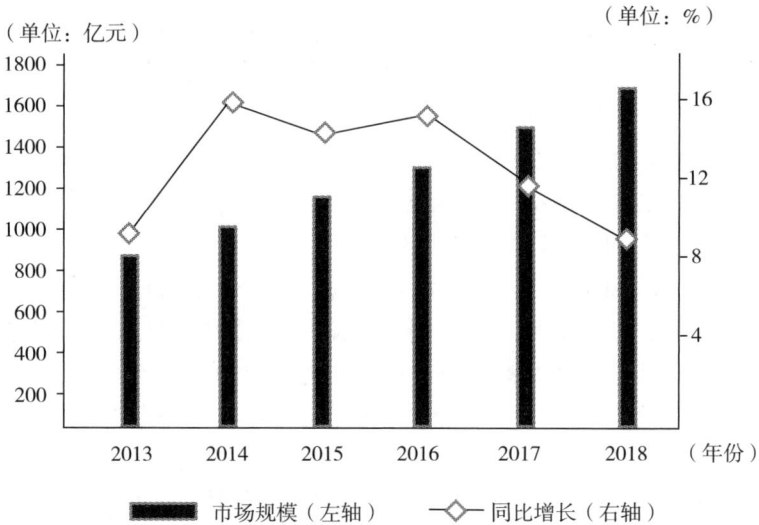

图 4.1　工业软件市场规模

资料来源:中国互联网络发展状况统计报告。

　　同时,统计资料表明,2018 年中国制造业增加值达到 4.5 万亿美元,在全球制造业产值中占比 30.5%,出口连续 6 年位于全球第一。此外,根据中国互联网络信息中心(CNNIC)的统计报告显示,2017 年和 2018 年中国网民规模分别达 7.71 亿人和 8.29 亿人,互联网普及率分别达 56.3% 和 59.6%(见图 4.2);中国手机网民规模达 8.17 亿人,网民中使用手机上网的比例达 98.6%(见图 4.3)。中国互联网经济取得了突破式发展,截至 2018 年年底,中国内地网站数量扩大 11.38 倍,内地互联网的网页有 2522.76 亿个,每天使用互联网搜索引擎获取信息的居民大约有 6.53 亿人,网络零售市场交易规模位居全球第一,交易规模值为 38285 亿元;中国有 4 家公司进入全球互联网公司 10 强阵营,现有互联网商务平台包括天猫、京东、苏宁易购等平台。制造业与互联网融合形成叠加效应与倍增效应。

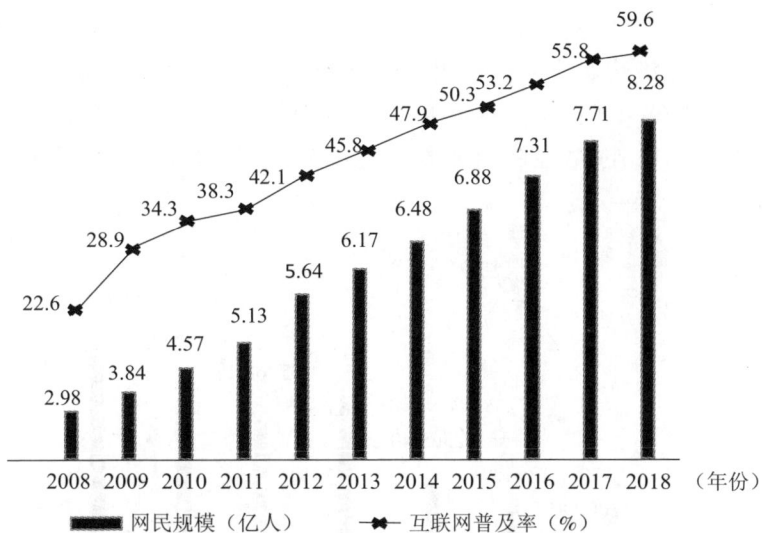

图 4.2 2018 年我国网民规模及互联网普及率

资料来源:中国互联网络发展状况统计报告。

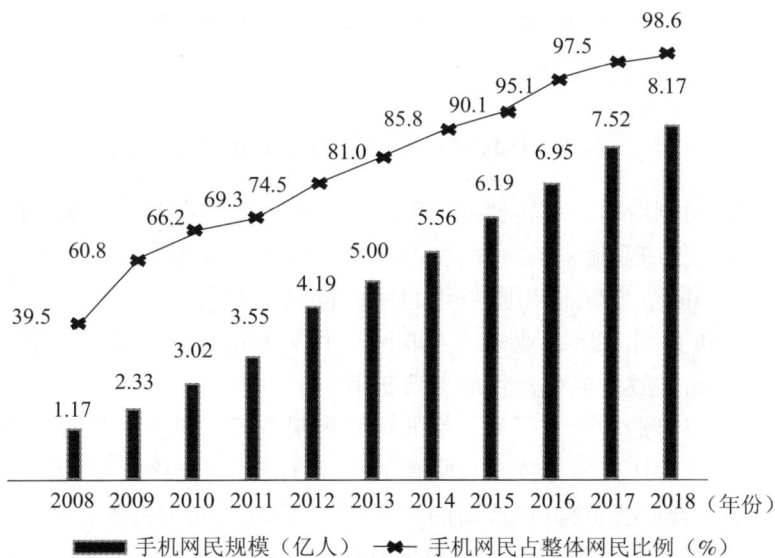

图 4.3 2018 年我国手机网民规模及互联网普及率

资料来源:中国互联网络发展状况统计报告。

　　2018 年"工业互联网"热度不断升高,在市场需求和政策引导的双重驱动下,中国工业互联网产业步入快车道。根据工信部的统计,2018 年我国工业互联网经济营业收入规模为 7000 亿元,2018 年整个网络经济营业收入规模为 47268.1 亿元(见图 4.4),2019 年互联网产业规模将以 18% 的年均增速高速增长,网络经济营业收入规模为 59951.6 亿元,2020 年将达到7.37 万亿元。

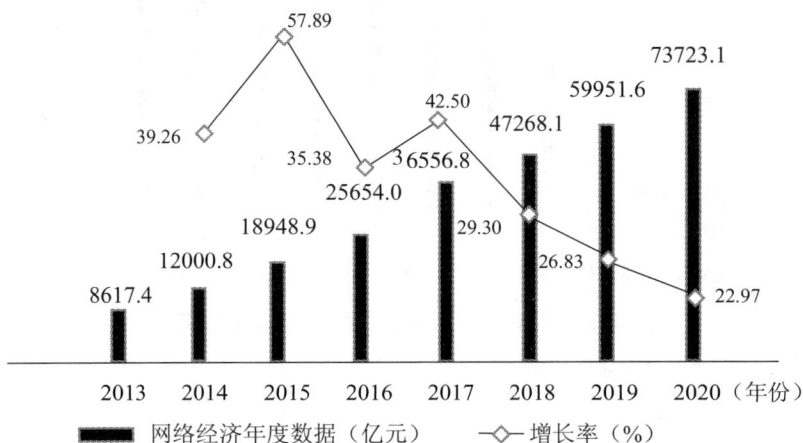

图 4.4　2013—2020 年中国网络市场经济规模

资料来源:中国互联网络发展状况统计报告。

二、我国"互联网+"与制造业融合的发展趋势

　　当前,向制造业内部转变成为我国制造业与互联网融合发展的趋势,互联网逐步向制造业流程的研发、生产、供应、销售和服务等环节渗透,呈现出智能化、协同化、定制化和服务化的发展特点。在我国汽车、机械、食品加工、医药、电子、化工等行业中,"互联网+"作为新的增长动能与工业行业融合较为突出,并逐步向生产性服务业扩散。

　　首先,以打造智能工厂为目标的智能化制造正在起步。利用大数据、物联网、云计算、3D 打印等技术对原有工厂进行局部智能化改造,或将原有工厂进行全面智能化重构,形成新的智能工厂,实现互联网技术与制造生产线的融合,达到整个车间和工厂智能化效果,如家电、汽车等领域的智能产品逐渐趋向专业化。

　　其次,日益增多的协同组织平台呈现资源共享、培育新动能的特征。从协同内容和系统程度看,目前组织业务协同化主要包括基于互联网技术的

研发创新协同、企业内部资源共享协同、生产需求供应链协同、订单驱动的产供销协同和制造资源的共享协同。

再次,以提升用户体验为目标的服务化创新日趋增多。在大数据支持下,人工智能应用更加广泛,以提升用户体验为目标的服务化延伸成为生产企业的普遍选择,各种新兴服务模式日益增多。以提升用户体验为目标的服务化创新主要分为两大类型:一类是智能产品服务和智能远程运用等产品服务化转型,另一类是用户虚拟体验的多渠道精准营销服务。

从整体看,我国"互联网+"与制造业的融合还处于起步阶段,目前这种融合主要体现在"微笑曲线"采购与销售两端,而实现价值创造的制造生产过程的融合较少,因此,"互联网+"与中国制造业融合的空间比较大。

三、我国"互联网+"与制造业融合发展的政策现状

随着信息技术与传统制造业的融合发展,我国相继出台《国务院关于深化"互联网+先进制造业"发展工业互联网的指导意见》《工业互联网发展行动计划(2018—2020年)》等一系列政策(见表4.1),同时我国设立了工业互联网的专项工作组,对工业互联网发展中重大政策和工程专项进行安排落实,支持互联网与制造业融合发展。2016年5月,国务院发布的《关于深化制造业与互联网融合发展的指导意见》,要求制造业重点行业骨干企业具有80%的互联网"双创"平台普及率,制造业互联网"双创"平台作为新动能,为"大众创业、万众创新"提供互联网基础平台,形成一批示范引领效应较强的制造新模式,促进制造业转型升级。到2020年,建设应用全面的工业互联网产业示范基地覆盖5个行业,技术测试验证系统5个以上,建设跨行业、跨领域平台10个,重点在行业企业中逐步应用技术产品,基于工业互联网初步实现关键技术产业化,工业互联网平台体系初步形成。

到2025年,制造业与"互联网+"融合发展迈上新台阶,基本具备"双创"体系,融合发展新模式较为普及,我国基本形成具备国际竞争力的基础设施和产业体系;2025年建成具有较强示范带动作用的工业互联网产业示范基地10个;工业互联网平台体系基本完善,重点工业企业实现智能化制造,形成3—5个具有国际竞争力的工业互联网平台,培育100万个工业APP,实现100万家企业上云,形成平台建设和平台应用双向迭代、互促共进的制造业新生态;智能网联产品和工业大数据应用软件大规模商用化部署,工业互联网网络设备达到国际先进水平,形成较为健全的工业互联网产业体系。

到2035年,全面建成国际领先的制造业互联网网络设施和网络平台,

国际先进的技术与产业体系全面形成,并且在重点产业领域实现国际领先。到 21 世纪中叶,建好工业互联网基础设施,全面支撑制造业发展,工业互联网创新能力达到国际先进水平、工业互联网应用业达到国际先进水平,制造业综合实力进入世界前列。

表 4.1 互联网与制造业融合发展的相关政策

年份	机构	政策	内容
2013	工信部	《信息化和工业化深度融合专项行动计划(2013—2018年)》	到 2018 年,"两化"深度融合取得显著成效,基于互联网信息化的企业竞争能力普遍增强,信息技术应用和商业模式创新促进产业结构升级,"两化"融合指数达到 82
2015	国务院	《中国制造 2025》	到 2020 年基本实现工业化,制造大国地位进一步巩固;到 2025 年制造业素质大幅度提升;到 2035 年,我国制造业达到世界制造强国中等水平
2016	国务院	《关于深化"互联网+先进制造业"发展工业互联网的指导意见》	打造与我国国情相适应的工业互联网生态体系,我国工业互联网发展水平领跑国际前列
2018	工信部	《工业互联网发展行动计划(2018—2020 年)》	在 2018—2020 年,初步建成可靠性好、覆盖面广的工业互联网网络基础设施,初步构建工业互联网标识解析体系,初步建成协同集聚发展的工业互联网平台体系和安全保障体系

第二节　国际经验借鉴

在广泛应用新一代互联网信息技术的背景下,制造业国际竞争将是智能制造、物联网及大数据分析应用的竞争。美国、德国、日本等主要工业国家已经分别提出"工业互联网"、"工业 4.0"、机器人战略(见表 4.2),制造业竞争力主要体现在智能制造技术、物联网技术和大数据技术的竞争。

一、发达国家利用"互联网+"改造制造业的主要战略

(一)美国"工业互联网"战略

"工业互联网"(Industrial Internet)是由美国通用电气公司提出的,"工业互联网"是通过软硬件、数据和智能互动网络形成智能工业网络,对数据收集、储存分析和决策起着重要支撑作用。"工业互联网"联盟(IIC)成立

时有151家全球企业及机构加入该联盟,其中联盟成员主要讨论统一标准制定和安全机制。"工业互联网"是利用"互联网+"在机器之间进行实时连接、在机器与生产系统之间进行实时交互,以及在生产企业之间和产业链上下游企业之间实现智能交互,形成以信息数据为驱动、以智能决策为核心特征的工业物联网。

(二)德国"工业4.0"战略

德国"工业4.0"战略的宗旨是提高制造业核心竞争力、防止制造业空洞化。德国"工业4.0"战略的具体目标是通过物联网技术把产业工人、机器设备、资源要素和经营环境四方面有机融合,实现人、机、物、环等资源的联通共享,推动产品全制造流程的数字化,将普通工厂改造成高效率的智能工厂,把整个国家连接为一个巨大的智能工厂。德国中小企业利用"工业4.0"战略平台,通过大数据分析企业生产过程数据,促进附加值产生源的变化和制造业整体的技术进步,大幅度提升自身的国际竞争力。由于大数据分析成为制造企业新的附加值源泉,开发更先进的大数据分析软件将成为制造企业技术创新的发展战略之一。

(三)日本机器人战略

日本推行以技术带动经济增长的机器人战略。目前,很多日本企业的生产链已经达到较高程度的智能化水平,在"利用大数据技术、人工智能技术与物联网技术实现制造业结构变革"的同时,日本提出机器人战略,把机器人作为实现社会高度信息化的重要途径,具体是通过融合大数据与人工智能等信息技术打造新型机器人,在全球率先实施机器人革命,实现物体智能化、使用全方位化与提升竞争力的目标。日本企业利用信息技术优势及物联网优势,结合企业自身的实际情况制定有效措施,利用信息技术及物联网对企业经营方式进行彻底改革,实现更大的附加值。政府建立有效制度,鼓励企业对经营方式进行改革创新。

表4.2 美国、德国和日本的先进制造战略

	美国:"工业互联网"战略	德国:"工业4.0"战略	日本:机器人战略
时间	2012年11月美国通用电气公司提出	2013年4月汉诺威工业博览会提出	2015年1月提出
目标	通过智能机器间的连接,将人机连接,结合软件和大数据分析,重构全球工业	提高德国工业的竞争力,在新一轮工业革命中占据先机	实现物体智能化、增进社会福祉与提升竞争力

续表

	美国:"工业互联网"战略	德国:"工业4.0"战略	日本:机器人战略
重点	利用基础科学、工业、信息技术的综合优势,应用大数据带动工业竞争力提升,构建全球工业体系	基于工业软件、制造装备的领先地位,强化"硬制造"优势,拓展"软服务"能力	利用信息技术及物联网彻底改革经营方式,实现高附加值
具体内涵	机器设备更加智能,人类、数字与机器融合并存,将软件、网络传感器、物理机械系统集成	将生产、运营环节信息纵向集成,通过价值链和网络实现资源横向集成	建立有效制度,鼓励企业创新经营方式

二、"互联网+"改造制造业的国际经验借鉴

在互联网信息化技术的推动下,未来制造业国际竞争是大数据分析、智能设备、物联网应用能力的相互竞争。考察美国、德国、日本等国关于"互联网+制造业"发展的战略政策,发现机器、人与设备等物联网化可使企业研发、生产和销售过程更加高效,为制造业创造市场需求、获得创造新价值提供了机会;研发共性技术是美国、德国和日本等国产业政策的导向,采用产业联盟研发合作是美国、德国和日本等国制造业改造的形式组织。同时发现这些国家"互联网+"改造制造业呈现四大显著特征:首先以大数据、智能设备和物联网形式提高制造业新价值创造能力;其次推动制造业结构升级目标是智能制造和智慧服务;再次实现工业智能化的基础条件是全面升级现有设备;最后发挥政府政策作用,发挥技术人才作用。借鉴国际经验,我国在实施"互联网+"改造制造业政策时,一方面注重共性科技研发和服务体系建设;另一方面结合信息网络技术的特点,构建促进互联网信息技术扩散的制度基础,借鉴相关国家经验,发展制造业的政策重点是构建基于"互联网+"的产业创新生态系统,建设产业联盟,加强共性技术供给。

本 章 小 结

本章主要阐述"互联网+"与我国制造业融合的发展现状,分析了我国工业互联网行业发展历程和市场现状,重点分析我国工业软件行业市场规模、中国网民规模、互联网普及率以及网民中使用手机上网的比例。同时,指出了向制造业内部转变是我国"互联网+"与制造业融合发展的基本趋势,互联网逐步向制造业流程的研发、生产、供应、销售和服务等环节渗透,

我国制造业呈现制造智能化、制造协同化、制造定制化和制造服务化的发展特点,并根据不同的时间阶段分析了我国"互联网+"与制造业融合发展的政策现状。在此基础上,本章进一步以美国、德国、日本等主要工业国家为例,分析了发达国家利用"互联网+"改造制造业的主要战略,包括"工业互联网"战略、"工业4.0"战略、机器人战略等,并重点把我国工业互联网与发达国家工业互联网进行比较,分析了两者之间的主要差距,提出了有关"互联网+"改造制造业可借鉴的国际经验。

第五章 "互联网+"驱动我国制造业升级的效率测度

根据上文"互联网+"驱动制造业升级效率的理论分析,效率视角下的产业升级可分解为产业运行中技术效率提升与配置效率提升。本章在分析"互联网+"与我国制造业融合现状的基础上,将进一步提出"互联网+"驱动我国制造业升级的效率究竟如何,尤其是"互联网+"驱动我国制造业升级的综合效率如何,"互联网+"驱动制造业升级的配置效率以及技术效率又是如何。对此,本章将在文献调查的基础上,结合地区和行业的相关数据,通过构建纳入"互联网+"的相关模型,测度"互联网+"驱动中国制造业升级的效率。其核心内容主要是构建基于规模报酬可变投入导向(BCC)的数据包络分析法(DEA)模型,通过选取相关指标和数据分析,测度"互联网+"驱动我国制造业升级的综合效率;然后,构建动态随机非参数的数据包络模型(StoNED)测度"互联网+"驱动制造业升级的配置效率,并通过构建随机前沿模型(SFA)测度"互联网+"驱动制造业升级技术效率,进而对其配置效率和技术效率的测度结果进行具体分析和综合评价。

第一节 "互联网+"驱动制造业升级的综合效率测度

一、测度方法与模型

数据包络分析法(DEA)主要用于研究产业要素的综合生产效率,该方法主要是比较 DEA 前沿面与决策单元(DU)的偏离程度,然后评价各个决策单元的相对有效性。本章是利用基于规模报酬可变投入导向的 DEA 模型对"互联网+"驱动制造业升级综合效率进行测度评价。决策单元是 DEA 模型中的 n 个同类部分,每个决策单元的投入变量和产出变量分别用 p 和 q 表示。每一个决策单元 DU_j 都对应一个效率指数:

$$H_j = \frac{uTy_i}{vTx_j} = \frac{\sum_{w=1}^{q} u_w y_{wj}}{\sum_{i=1}^{pn} v_i x_{ij}}, \quad j = 1, 2, \cdots, n \tag{5-1}$$

其中,第 j 个 DU 对应第 i 种输入的投入量用 X_{ij} 表示,并且 $X_{ij} > 0$;而第 j 个 DU 对应第 w 种输出的产出量则用 Y_{wj} 表示,并且 $Y_{wj} > 0$;把第 j_0 个决策单元对应的效率指数作为基本目标,通过以投入为导向的 BCC 变量,构建如下模型:

$$
(D^1 BC^2) \begin{cases} \text{Min} \quad \theta \\ \text{S.t.} \sum_{j=1}^{n} X_j \kappa_j + s^- = \theta X_0 \\ \sum_{j=1}^{n} Y_j \kappa_j - s^+ = Y_0 \\ \kappa_j \geq 0, j = 1, 2, \cdots, n \\ s^-, s^+ \geq 0 \end{cases} \tag{5-2}
$$

模型中 θ 表示第 j 个 DU 对应的综合效率值,并且它的取值范围为 $0 \leq \theta \leq 1$。当 DU 的 DEA 有效时,对应 $\theta = 1$;而当 DU 的非 DEA 有效时,对应 $\theta < 1$。同理可得,当 DU 的规模收益不变时,其前提条件为 $\sum k_j = 1$;当 DU 为规模收益递增时,其前提条件为 $\sum k_j < 1$;当 DU 为规模收益递减时,其前提条件为 $\sum k_j > 1$。在 DEA 模型中,松弛变量为 S^-,剩余变量为 S^+;模型中技术效率值 θ^{**} 为 BCC 最优效率解,其综合效率值为 θ^*,其规模效率值 k 是综合效率值与技术效率值的比值,即 $k = \theta^* / \theta^{**}$。

二、指标选取与数据来源

本章通过构建一个合理的评价指标体系,运用数据包络分析法进行测度。由于变量选择将影响最终效果,借鉴刘生龙等学者关于互联网基础设施与要素生产率关系的研究思路,综合考虑互联网技术相关因素对制造业升级的影响,构建如下投入产出指标体系(见表 5.1)。

表 5.1 "互联网+"影响制造业升级效率的指标体系

指标类型	具体指标	单位
互联网技术 投入指标	互联网设备资产投资额	亿元
	中国各省区市注册的网站数量	个
	互联网技术服务企业数量	个

指标类型	具体指标	单位
制造业产出指标	利税总额(反映制造业经济效益)	亿元
	R&D 经费占主营收入比率(反映制造业创新能力)	%
	高技术产业主营业务收入(反映制造业结构高度化指标)	亿元

考虑到我国互联网技术发展历程以及制造业相关数据的可得性,本章选取时间序列数据为 2003—2018 年的数据,应用基于 BCC 的 DEA 模型从地区层面测度"互联网+"驱动制造业升级的综合效率。同时选取 2018 年的横向截面数据,分析全国 31 个省(自治区、直辖市)的综合效率,比较其综合效率的差异,测度所用的相关数据主要来源于《中国统计年鉴》和《中国科技统计年鉴》等。

三、测度结果及评价

(一)基于地区时序数据的纵向测度

利用基于 BCC"投入产出"的 DEA 模型测度综合效率,将 2003—2018 年作为 15 个决策单元(DU),投入指标以互联网设备资产投资额、各省(自治区、直辖市)注册的网站数量和互联网技术服务企业数量来表示,产出指标以制造业利税总额、R&D 经费占主营收入、高技术产业主营业务收入,通过运行 DEAP 2.1 软件,得到综合效率值、技术效率值和规模效率值三个指标值,表示"互联网+"对制造业升级的效率测度,结果如表 5.2 所示。

表 5.2　2003—2018 年中国"互联网+"促进制造业升级效率 DEA 测算结果

年份	综合效率	技术效率	规模效率	规模报酬
2003	0.467	0.561	0.879	irs
2004	0.459	0.568	0.844	drs
2005	0.448	0.542	0.831	drs
2006	0.452	0.559	0.836	irs
2007	0.432	0.567	0.781	——
2008	0.404	0.541	0.685	drs
2009	0.550	0.552	0.683	——

续表

年份	综合效率	技术效率	规模效率	规模报酬
2010	0.562	0.575	0.742	irs
2011	0.625	0.632	0.759	irs
2012	0.756	0.727	0.895	irs
2013	0.812	0.838	1.000	irs
2014	1.000	1.000	1.000	irs
2015	1.000	1.000	1.000	—
2016	1.000	1.000	1.000	—
2017	1.000	1.000	1.000	—
2018	1.000	1.000	1.000	—

注：drs 表示规模报酬递减；—表示规模报酬不变；irs 表示规模报酬递增。

在 DEA 模型中，综合效率指标值在 0 和 1 之间、技术效率指标值在 0 和 1 之间以及规模效率指标值在 0 和 1 之间，投入产出效率越高，相关指标值越大；而 DEA 有效的条件是综合效率值为 1 时。根据表 5.2 统计结果显示：2003—2018 年间，"互联网+"促进制造业升级综合效率值达到有效的年份是 2014—2018 年。这说明在制造业升级过程中，"互联网+"作为新的创新要素，通过大数据、云计算、物联网等信息技术融合，能够有效驱动制造业生产各环节，为制造业升级提供新动力。但 2013 年之前各年度综合效率值并不高，说明"互联网+"作为要素投入其产出率尚未达到最优的水平，对制造业升级的作用有待进一步提升。这进一步验证了我国以互联网为代表的虚拟经济与实体经济融合发生在 2013 年后（马化腾，2015）。将综合效率值分解成技术效率和规模效率，技术效率值只有 4 个年份达到相对有效，其他年份值普遍偏低，基本在 0.6 左右，因此，综合效率整体偏低的主要原因是纯技术效率不高，这意味着"互联网+"质量水平直接影响制造业升级的效率。

（二）基于省际截面数据的横向测度

从地区空间差异的角度横向分析"互联网+"对制造业的升级效率，根据 31 个省（自治区、直辖市）2018 年截面数据，本章对其进行 DEA 效率分析（如表 5.3 所示）。

表 5.3　2018 年中国 31 个省(自治区、直辖市)"互联网+"驱动制造业升级效率值

省(自治区、直辖市)	综合效率	经济效益	结构高度	创新能力	省(自治区、直辖市)	综合效率	经济效益	结构高度	创新能力
北京	0.902	1.000	0.502	0.413	湖北	0.592	0.596	0.392	0.367
天津	1.000	0.311	0.498	0.405	湖南	0.785	1.000	0.403	0.352
河北	0.616	0.203	0.395	0.216	吉林	0.415	0.345	0.268	0.212
辽宁	1.000	0.722	0.483	0.338	广西	0.465	0.579	0.396	0.232
上海	1.000	0.731	1.000	0.633	黑龙江	0.423	0.282	0.311	0.137
江苏	1.000	1.000	0.560	1.000	重庆	0.868	1.000	0.257	0.512
浙江	1.000	0.742	1.000	1.000	四川	1.000	0.736	0.313	0.539
福建	0.519	0.411	0.212	0.245	贵州	0.428	0.497	0.515	0.213
山东	1.000	1.000	0.617	0.469	云南	1.000	0.588	0.546	0.192
广东	1.000	0.652	1.000	1.000	陕西	0.563	0.572	0.398	0.256
海南	0.898	0.338	0.681	0.233	甘肃	0.497	0.463	0.375	0.094
安徽	0.806	0.716	0.416	0.308	青海	0.318	0.224	0.237	0.089
山西	0.357	0.335	0.281	0.227	宁夏	0.395	0.218	0.275	0.118
江西	0.606	0.517	0.403	0.359	新疆	0.423	0.215	0.267	0.036
内蒙古	0.415	0.372	0.315	0.116	西藏	0.226	0.142	0.213	0.109
河南	0.677	1.000	0.284	0.325	—	—	—	—	—

2018 年综合效率达到 DEA 有效的共有 9 个省(自治区、直辖市);江苏省、北京市等 6 个省(自治区、直辖市)在"互联网+"促进经济效益方面达到 DEA 有效;上海市、浙江省和广东省在"互联网+"促进制造业结构高度化升级方面均达到 DEA 有效;广东省、江苏省和浙江省创新能力均达到 DEA 有效。分析结果表明我国各省(自治区、直辖市)"互联网+"驱动制造业升级的综合效率存在较大的差距,广东、浙江、江苏等省(自治区、直辖市)的制造业比较发达,互联网信息技术发展较快,信息经济也比较发达,"互联网+"驱动制造业升级综合效率比较明显。

第二节　"互联网+"驱动制造业升级的配置效率测度

动态随机非参数的数据包络模型法(StoNED)是测度"互联网+"驱动制造业升级配置效率的一个较为典型的方法,该方法结合了 DEA 和 SFA

两者的优点,不仅有效避免了生产函数形式预设误差,而且可以避免与效率估计相混淆的缺陷,能够较好地分离随机误差项与非效率项。

一、模 型 构 建

为了在生产函数中体现"互联网+"因素,在生产函数中纳入时间变量 t,生产函数表示为 $f(Z,t)$, $t=0,1,\cdots,T$。同理,用函数 $\mu_i(t)$ 表示非效率项 μ_i , $i=1,2,\cdots,n$。 与此同时,为降低异方差的影响,以乘法形式设定随机误差项 v_{it} ,得到新的动态随机非参数的数据包络模型:

$$y_{it} = f(Z_{it},t)/[1 + \mu_i(t) - v_{it}] \tag{5-3}$$

$$y_{it} = f(Z_{it},t) - \mu_i(t) \times y_{it} + v_{it} \times y_{it} \tag{5-4}$$

根据生产函数 $f(Z_{it},t)$,通过拓展该生产函数可以得到多种有关互联网资源的方程,假设"互联网+"是各省区市注册的网站数量,将函数 $f(Z_{it},t)$ 写为:

$$f(Z_{it},t) = f(Z_{it},0) + \sum_{m=1}^{M} A_m(t) \cdot Zmit \tag{5-5}$$

其中,函数 $f(Z_{it},0)$ 是基期生产函数,函数 $A_m(t)$ 表示"互联网+"资源变化,纯非参数函数 $A_m(t)$ 可写成以下特定形式:

$$A_m(t) = \theta_m t + \delta_m t^2 \tag{5-6}$$

将 $\mu_i(t)$ 设定为二次多项式的特定形式:

$$\mu_i(t) = a_i + b_i t + c_i t^2 \tag{5-7}$$

得到待估计回归方程:

$$Y_{it} = f(Z_{it},0) + \sum_{m=1}^{M} (\theta mt + \delta mt^2) \cdot Zmit - (a_i + b_i t + c_i t^2)y_{it} + v_{it}y_{it} \tag{5-8}$$

为了估计未知的基期生产函数 $f(x_{it},0)$,估计参数值 $\alpha,\beta,\theta,\delta,a,b,c,v$,构建非参数最小二乘法估计模型:

$$\min_{\alpha,\beta,\theta,\delta,a,b,c,v} \sum_{t=1}^{T} \sum_{i=1}^{n} v_{it}^2$$

$$S.t. \begin{cases} y_{it} = \alpha_{it} + \beta_{it}x_{it} + \sum_{m=1}^{M} (\theta_m t + \delta_m t^2)x_{mit} \\ \quad - (a_i + b_i t + c_i t^2)y_{it} + v_{it}y_{it} \\ \alpha_{it} + \beta_{it} \leqslant \alpha_{hs} + \beta_{hs}x_{it} \\ \beta_{it} \geqslant 0, \theta_m t + \delta_m t^2 \geqslant 0 \\ \forall h,i = 1,\cdots,n; \forall s,t = 1,\cdots,T \\ \forall m = 1,\cdots,M \end{cases} \tag{5-9}$$

根据模型(5-9),可以间接测度出效率值,效率值 E 采用以下标准化形式表示:

$$Ei(t) = 1/[1 + \mu_i(t)] \qquad (5-10)$$

二、统计分类与数据来源

(一)统计分类

制造业升级配置效率的研究对象是我国整体制造业及其三大类产业,按照前文的理论分析,主要考察"互联网+"驱动中国制造业升级的配置效率。考虑到我国制造业和互联网的发展历程以及数据的可得性,本章以我国 2003—2018 年 31 个省(自治区、直辖市)制造业的产值比重作为基础数据,将我国制造业(I_0)划分为低技术产业(I_1)、中技术产业(I_2)、高技术产业(I_3)三大类产业,分别测算出我国 31 个省(自治区、直辖市)样本内配置效率值。其中,低技术产业包括食品加工制造、纺织、服装、皮革、木材、家具、饮料、烟草、造纸、印刷、文体用品、工艺品及其他制造业;中技术产业包括黑色金属冶炼、有色金属冶炼、金属制品、石油加工、炼焦及核燃料加工、塑胶制品、非金属矿物;高技术产业包括通信电子、仪器仪表、通用设备、专用设备、电气机械及器材及文化办公机械、交通运输、化工医药。

(二)数据来源

本章研究所用的原始数据主要来源于《中国科技统计年鉴》《中国工业经济统计年鉴》《中国统计年鉴》《工业企业科技活动统计年鉴》《中国高技术产业统计年鉴》。所需数据均为排除价格因素影响的比值数据。

三、制造业升级配置效率测度结果与分析

本章选择研究对象为我国整体制造业及其三大类产业,方法上采用动态随机非参数数据包络模型法,分别测度"互联网+"驱动制造业升级的配置效率。结合模型(5-10),设定为以下形式:

$$\min_{\beta,\theta,\delta,a,b,c,v} \sum_{t=1}^{T} \sum_{i=1}^{n} v_{it}^{2}$$

$$\text{S.t.} \begin{cases} y_{it} = (\beta_{Lit}L_{it} + \beta_{Kit}K_{it} + \beta_{Mit}M_{it}) + [(\theta_L t + \delta_L t^2)L_{it} + (\theta_K t + \delta_K t^2)K_{it} \\ \quad + (\theta_M t + \delta_M t^2)M_{it}] - [(a_i + bi_t + c_i t^2)]y_{it} + v_{it}y_{it} \\ \beta_{Lit}L_{it} + \beta_{Kit}K_{it} + \beta_{Mit}M_{it} \leq \beta_{Lhs}L_{it} + \beta_{Khs}K_{it} + \beta_{Mhs}M_{it} \\ \beta_{Lit}, \beta_{Kit}, \beta_{Mit} \geq 0, \theta_L t + \delta_L t^2 \geq 0, \theta_K t + \delta_K t^2 \geq 0, \theta_m t + \delta_m t^2 \geq 0 \\ \forall h, i = 1, \cdots, n; \forall s, t = 1, \cdots, T \end{cases}$$

$$(5-11)$$

其中,L 表示人力资本、K 表示资金,互联网要素用 M 来表示。根据模型(5-11)通过 GAMS 软件运用可以求得配置效率值和相关参数估计值,最终得到"互联网+"驱动制造业升级的整体配置效率(CE),具体数据见表 5.4。

表 5.4 "互联网+"驱动制造业升级的配置效率测算值(CE)

年份	行业			
	I_0	I_1	I_2	I_3
2003	0.5632	0.4788	0.4969	0.5767
2004	0.5111	0.4369	0.4682	0.5577
2005	0.5082	0.4062	0.4523	0.5413
2006	0.4911	0.3869	0.4382	0.5377
2007	0.4532	0.3767	0.4562	0.4766
2008	0.4616	0.3963	0.4581	0.5131
2009	0.6048	0.4489	0.5185	0.6652
2010	0.6578	0.4566	0.5562	0.6785
2011	0.6048	0.4489	0.5185	0.6652
2012	0.6578	0.4566	0.5562	0.6785
2013	0.6935	0.6327	0.6955	0.7233
2014	0.7048	0.6489	0.7182	0.7662
2015	0.7312	0.6504	0.7315	0.8246
2016	0.7622	0.6558	0.7417	0.8542
2017	0.7975	0.6926	0.7719	0.8776
2018	0.7981	0.6988	0.7956	0.8983

表 5.4 是我国制造业全行业和三大细分行业在 2003—2018 年"互联网+"驱动制造业升级的配置效率值。其中,从全行业角度看,全行业配置效率大都介于中技术产业配置效率与高技术产业配置效率之间;从配置效率的变化趋势看,互联网驱动下制造业全行业以及三大细分行业升级配置效率,均是随时间推移基本呈"U"形变化。

第三节 "互联网+"驱动制造业升级的技术效率测度

随机前沿法(SFA)是通过建立随机前沿模型,统计检验模型参数并测度技术效率的一种常用方法。鉴于前沿面是随机的,随机前沿法可以把技术误差项和随机误差项进行有效区分,这样不可控因素对技术非效率的影响就可避免,使得测算结果更加符合实际值。本章运用前沿随机法,通过运用 31 个省(自治区、直辖市)2003—2018 年的相关数据,对"互联网+"驱动我国制造业产业升级技术效率值进行测度。为了剔除随机因素对制造业升级技术效率的影响,本章在运用随机前沿法测度技术效率中,通过分解误差项剔除随机因素的影响,得到较为平稳的结果,反映"互联网+"驱动下我国制造业技术效率变动的长期趋势。

一、前沿随机模型设定

本章基于道格拉斯函数构建技术效率模型,具体模型如下:

$$\ln Z_{it} = \beta_0 + \beta_1 \ln M_{it} + \beta_2 \ln CAP_{it} + \beta_3 \ln LAB_{it} + (v_{it} - u_{it})$$

$$TE_{it} = exp(-u_{it}) \tag{5-12}$$

其中,i 表示不同省(自治区、直辖市),$i = 1,2,3,\cdots,31$;t 表示年份,$t = 2003,2004,2005,\cdots,2018$;$Z_i$ 表示不同省(自治区、直辖市)i 在 t 年的产出指标,M_{it} 表示不同省(自治区、直辖市)i 在 t 年的"互联网+"指标,不同省(自治区、直辖市)i 在 t 年的资本投入指标和劳动力投入指标分别用 CAP_{it} 和 LAB_{it} 表示;随机误差项 v_{it} 服从正态分布 $v_{it} \sim N(0,\sigma^2)$;$u_{it}$ 表示无效率程度的技术无效率误差项,服从非负的正态分布;TE_{it} 表示不同省(自治区、直辖市)i 在 t 年的技术效率值,TE_{it} 指标值均介于 0 与 1 之间,指标值越高表示效率越高,制造业得到有效升级。

二、指标选取及处理

本章应用随机前沿法通过回归分析测出产出指标值、"互联网+"指标值、资本指标值和劳动指标值,得到的技术效率结果准确合理。考虑到技术效率测度受到数据可获取性及可信度等影响,本章选取我国各省(自治区、直辖市)总产值作为产出值,选取注册网站数量作为"互联网+"值、选取固定资产投资增加额作为资本值,选取年末实际从业人数作为劳动指标值。其中,实际总产值是剔除地区价格因素影响的净增加值,各省(自治区、直辖市)产出值得到了真实的反映。由于互联网资源具有两个特性:一是非排他性,二是跨时空性,本章以地区网站总数除以法人单位数量来衡量,对技术效率的测算的数据均选取自 2003—2018 年《中国统计年鉴》。

三、制造业升级技术效率测算结果与分析

根据公式(5-12),本章通过我国 31 个省(自治区、直辖市)2003—2018 年相关数据,运用 Frontier 4.1 软件,测度出"互联网+"驱动制造业升级的

技术效率。由于技术效率是技术无效率（$-u_{it}$）的期望值,而技术无效率是通过"互联网+"指标值、资本指标值和劳动指标值对产出指标值进行回归分析所得到的值。因此,通过分析回归产生的系数,估计"互联网+"产出弹性系数、资本产出弹性系数和劳动产出弹性系数,结果如表 5.5 所示。

表 5.5　2003—2018 年我国"互联网+"、资本和劳动产出弹性

年份	"互联网+"产出弹性	资本产出弹性	劳动产出弹性
2003	0.13297	0.55163	0.39837
2004	0.13382	0.47973	0.47027
2005	0.13433	0.49746	0.45254
2006	0.13771	0.44863	0.50146
2007	0.14686	0.43716	0.51265
2008	0.16722	0.36966	0.58141
2009	0.16929	0.38082	0.54912
2010	0.17571	0.39024	0.55967
2011	0.17892	0.37935	0.57054
2012	0.18731	0.47089	0.47903
2013	0.20165	0.55432	0.39568
2014	0.21773	0.57236	0.38379
2015	0.25692	0.58397	0.37692
2016	0.27368	0.58565	0.37988
2017	0.30155	0.59238	0.37697
2018	0.31572	0.61217	0.37895
平均	0.19571	0.52244	0.45933

如表 5.5 所示,样本期内驱动我国制造业升级的"互联网+"产出弹性、资本产出弹性和劳动产出弹性呈现一定的规律性。"互联网+"产出弹性的值 0.19571 为其平均值,最大值和最小值分别出现在 2018 年和 2003 年,对应的数值分别为 0.31572 和 0.13297;而资本产出弹性平均值为 0.52244,最大值和最小值分别出现在 2018 年和 2008 年,对应的数值分别为 0.61217 和 0.36966;而劳动产出弹性的值 0.45933 为其平均值,其最大值 0.58141 出现在 2008 年。可以看出,"互联网+"产出弹性在 2007 年以前比较低,2007 年之后逐步增大,这与我国互联网发展的现状基本吻合。2007 年之前我国大部分省(自治区、直辖市)互联网站使用处于低规模区间,2007 年之后开始转向中等规模区间,到 2013 年处于高规模区间。由表 5.5 的数据可

表 5.6　2003—2018 年我国制造业升级技术效率测算值（TE）

	2003	2004	2005	2006	2007	2008	2009	2010	2011	2012	2013	2014	2015	2016	2017	2018
北京	0.99077	0.99083	0.99079	0.99080	0.99076	0.99079	0.99083	0.99085	0.99086	0.99090	0.99098	0.99100	0.99105	0.99109	0.99110	0.99112
天津	0.99067	0.99072	0.99068	0.99070	0.99067	0.99069	0.99072	0.99074	0.99076	0.99085	0.99089	0.99092	0.99095	0.99099	0.99100	0.99101
河北	0.99056	0.99057	0.99062	0.99067	0.99056	0.99057	0.99061	0.99067	0.99069	0.99072	0.99078	0.99079	0.99081	0.99083	0.99085	0.99086
辽宁	0.99058	0.99058	0.99059	0.99057	0.99055	0.99056	0.99067	0.99070	0.99073	0.99072	0.99077	0.99078	0.99080	0.99082	0.99084	0.99085
上海	0.99096	0.99097	0.99097	0.99098	0.99096	0.99097	0.99100	0.99102	0.99105	0.99106	0.99110	0.99113	0.99116	0.99117	0.99119	0.99120
江苏	0.99082	0.99085	0.99086	0.99088	0.99087	0.99088	0.99090	0.99093	0.99096	0.99097	0.99102	0.99105	0.99106	0.99108	0.99110	0.99111
浙江	0.99086	0.99087	0.99087	0.99088	0.99087	0.99089	0.99091	0.99094	0.99095	0.99099	0.99105	0.99107	0.99108	0.99110	0.99117	0.99119
福建	0.99080	0.99083	0.99085	0.99086	0.99083	0.99084	0.99086	0.99089	0.99091	0.99093	0.99095	0.99096	0.99099	0.99102	0.99106	0.99108
山东	0.99082	0.99084	0.99086	0.99087	0.99085	0.99086	0.99088	0.99092	0.99093	0.99095	0.99098	0.99100	0.99102	0.99105	0.99107	0.99109
广东	0.99086	0.99087	0.99089	0.99090	0.99089	0.99090	0.99092	0.99094	0.99095	0.99098	0.99100	0.99103	0.99107	0.99112	0.99115	0.99118
海南	0.99078	0.99080	0.99082	0.99085	0.99083	0.99085	0.99087	0.99089	0.99090	0.99092	0.99094	0.99095	0.99098	0.99101	0.99105	0.99107
安徽	0.99065	0.99067	0.99069	0.99070	0.99065	0.99067	0.99072	0.99074	0.99075	0.99080	0.99085	0.99087	0.99090	0.99092	0.99095	0.99098
山西	0.99057	0.99058	0.99061	0.99064	0.99057	0.99058	0.99061	0.99066	0.99069	0.99070	0.99076	0.99078	0.99080	0.99082	0.99086	0.99090
江西	0.99056	0.99057	0.99060	0.99062	0.99058	0.99059	0.99063	0.99065	0.99068	0.99069	0.99071	0.99075	0.99078	0.99080	0.99084	0.99087
内蒙古	0.99058	0.99058	0.99059	0.99057	0.99056	0.99058	0.99062	0.99065	0.99066	0.99069	0.99070	0.99073	0.99075	0.99078	0.99080	0.99083
河南	0.99062	0.99065	0.99066	0.99069	0.99065	0.99068	0.99071	0.99073	0.99075	0.99081	0.99084	0.99086	0.99089	0.99091	0.99093	0.99096
湖北	0.99067	0.99069	0.99070	0.99073	0.99068	0.99069	0.99071	0.99074	0.99076	0.99079	0.99083	0.99086	0.99090	0.99095	0.99098	0.99101
湖南	0.99063	0.99067	0.99068	0.99070	0.99066	0.99068	0.99072	0.99075	0.99077	0.99081	0.99086	0.99088	0.99091	0.99092	0.99098	0.99100

续表

	2003	2004	2005	2006	2007	2008	2009	2010	2011	2012	2013	2014	2015	2016	2017	2018
吉林	0.99057	0.99059	0.99060	0.99059	0.99056	0.99058	0.99063	0.99065	0.99067	0.99069	0.99074	0.99076	0.99077	0.99081	0.99085	0.99088
广西	0.99062	0.99066	0.99069	0.99070	0.99067	0.99069	0.99071	0.99074	0.99076	0.99080	0.99086	0.99089	0.99091	0.99093	0.99097	0.99099
黑龙江	0.99058	0.99060	0.99061	0.99062	0.99057	0.99059	0.99063	0.99066	0.99068	0.99070	0.99073	0.99074	0.99077	0.99080	0.99084	0.99087
重庆	0.99065	0.99068	0.99070	0.99072	0.99068	0.99069	0.99071	0.99075	0.99076	0.99078	0.99083	0.99087	0.99088	0.99090	0.99095	0.99098
四川	0.99053	0.99057	0.99058	0.99060	0.99056	0.99058	0.99061	0.99063	0.99067	0.99071	0.99076	0.99079	0.99081	0.99082	0.99085	0.99089
贵州	0.99062	0.99064	0.99065	0.99068	0.99065	0.99066	0.99071	0.99073	0.99076	0.99078	0.99080	0.99083	0.99087	0.99090	0.99096	0.99099
云南	0.99057	0.99059	0.99060	0.99059	0.99056	0.99058	0.99063	0.99065	0.99067	0.99069	0.99074	0.99076	0.99077	0.99081	0.99085	0.99088
陕西	0.99058	0.99059	0.99061	0.99063	0.99057	0.99058	0.99062	0.99064	0.99066	0.99070	0.99072	0.99075	0.99076	0.99079	0.99083	0.99087
甘肃	0.99043	0.99047	0.99048	0.99050	0.99048	0.99049	0.99050	0.99053	0.99057	0.99061	0.99066	0.99069	0.99071	0.99072	0.99075	0.99080
青海	0.99046	0.99047	0.99050	0.99052	0.99048	0.99050	0.99053	0.99055	0.99056	0.99058	0.99061	0.99065	0.99068	0.99070	0.99074	0.99077
宁夏	0.99044	0.99045	0.99047	0.99048	0.99045	0.99047	0.99053	0.99052	0.99056	0.99060	0.99063	0.99066	0.99068	0.99069	0.99073	0.99076
新疆	0.99043	0.99044	0.99046	0.99048	0.99046	0.99048	0.99050	0.99053	0.99055	0.99057	0.99059	0.99060	0.99062	0.99065	0.99068	0.99072
西藏	0.99041	0.99043	0.99044	0.99046	0.99045	0.99047	0.99051	0.99052	0.99053	0.99055	0.99057	0.99058	0.99060	0.99063	0.99065	0.99068

数据来源:根据《中国科技统计年鉴》《中国统计年鉴》计算所得。

以看出,资本产出弹性经历先降后升两个阶段的变化,整体上呈现"U"形变化趋势;而劳动产出弹性经历先升后降两个阶段的变化,呈现出倒"U"形变化趋势,这表明资本产出弹性和劳动产出弹性呈现的变化规律不仅不同,而且基本呈现相反的趋势。这与我国制造业发展的现状也比较吻合。2008年全球金融危机之前,随着我国资本积累,资本对制造业规模扩大起到重要的作用。但在2008年后,我国制造业受到全球金融危机的影响,投资扩张的趋势受到抑制,我国东部地区劳动密集型产业开始向中西部地区和东南亚国家转移,东部地区出现劳动力短缺情况,此时,资本作为重要生产要素又开始发挥作用。我国制造业升级技术效率(TE)通过应用 Frontier 4.1 软件测算,结果如表5.6所示。

表5.6数据是对样本期技术效率测算的结果,由表5.6可以发现同时期东部地区产业技术效率要高于中西部地区技术效率,这主要是由于东部地区互联网信息化程度较高,同时也体现技术效率是一项较为复杂的综合性指标。根据表5.6所测度的技术效率值,在时间序列下,我国制造业技术效率整体呈先降后升的趋势。2007—2008年间我国制造业技术效率处于低值区间,而在2009—2010年出现增长,基本趋势呈现出先降后升,这种波动趋势一定程度上与2008年全球金融危机同步,2013年后各地技术效率值又开始逐渐提升。从技术效率值的趋势不难发现,在2013年后技术效率值逐渐提升,表明制造业产业升级在逐步加快,这与以互联网为代表的虚拟经济与实体经济结合主要发生在2013年以后是一致的。通过实证分析可以看出技术效率与资本产出弹性之间存在显著的正相关性,技术效率与劳动产出弹性之间存在显著的负相关性。因此,制造业技术效率在一定程度上,受地区资本存量的影响更为突出,随着地区资本产出弹性的增加,技术效率提升更为明显。

本 章 小 结

本章在调查研究获得相关数据的基础上,通过构建纳入"互联网+"的相关模型,测度"互联网+"驱动中国制造业升级的效率,其核心内容是测度其综合效率、配置效率和技术效率。具体而言,一是通过构建 DEA-BCC 模型从地区层面纵向测度"互联网+"驱动制造业升级的综合效率,测度结果表明我国各省(自治区、直辖市)"互联网+"驱动制造业升级的综合效率存在较大差距,浙江、广东、江苏等省份制造业比较发达,互联网信息技术发展较快,信息经济比较发达,"互联网+"驱动制造业升级综合效率比较明显。

二是通过构建动态随机非参数的数据包络模型(StoNED)测度"互联网+"驱动制造业升级的配置效率,测度结果显示全行业配置效率大都介于中技术产业配置效率与高技术产业配置效率之间,互联网驱动下制造业全行业以及三大细分行业升级配置效率,均是随时间推移基本呈"U"形变化。三是通过构建随机前沿模型(SFA)测度"互联网+"驱动制造业升级技术效率,测度结果发现在时间序列下,我国制造业技术效率整体呈先降后升的趋势,而同时期东部地区产业技术效率要高于中西部地区技术效率,其主要原因是由于东部地区互联网信息化程度较高。通过实证分析可以看出技术效率与资本产出弹性之间存在显著的正相关性,技术效率与劳动产出弹性之间存在显著的负相关性,随着地区资本产出弹性的增加,技术效率提升更为明显。

第六章 "互联网+"对我国制造业升级效率影响的实证分析

依据"互联网+"对制造业升级影响的理论分析框架,本章将在田野调查获取大样本、大数据的基础上,结合地区和行业的相关数据,通过构建纳入"互联网+"的计量模型,整体上实证检验"互联网+"对制造业升级效率的影响效应和网络效应,然后从宏观、中观和微观三个维度计量检验"互联网+"对我国制造业升级效率的影响程度。具体而言,首先通过构建模型实证检验"互联网+"对制造业升级综合效率和技术效率的影响效应。其次结合《中国经济与社会发展统计数据库》中的地区统计数据,应用空间计量模型法从地区层面实证检验"互联网+"对我国制造业升级效率的影响效应,比较东部、中部和西部地区"互联网+"对我国制造业升级效率影响的差异特征。再次结合国家统计局网站和《中国经济与社会发展统计数据库》(CNKI)中的行业统计数据,应用 Tobit 模型法从产业层面实证检验"互联网+"对我国制造业升级效率的影响效应,就"互联网+"对我国制造业升级技术效率影响作出整体性判断。最后选取《中国工业企业数据库》中的微观企业样本,结合调研所得的上市公司年报数据,构造非线性动态面板模型,运用广义矩估计法等方法,从企业层面实证检验"互联网+"对我国制造业升级效率的影响效应,比较分析不同类型下"互联网+"与我国制造企业效率的互动关系及其差异特征。在进行上述实证的同时,将运用门槛回归模型法,检验"互联网+"影响制造业升级效率的网络效应,判断互联网对制造业升级效率的影响是否存在网络效应,进而分析实证研究结论与政策含义。

第一节 "互联网+"对我国制造业升级效率
——基于面板数据模型的实证分析

近年来,互联网对我国制造企业经营和制造业升级都产生了重要的影响,互联网对制造业升级的作用体现在互联网对制造业综合效率提升的影响上。互联网促进知识信息在全社会快速传播,"互联网+"作为一种技术或一个平台对技术进步有着重要的影响,因此,本章假设"互联网+"对我国制造业升级综合效率和技术效率具有促进作用,并且"互联网+"对我国制造业升级综合效率的促进作用是非线性的,进而对此展开具体的实证检验。

一、模型设定

本章在借鉴赫尔滕和本纳森(Hulten 和 Bennathan,2006)实证研究模型的基础上,通过构建"互联网+"影响我国制造业升级综合效率的基本模型,实证检验"互联网+"对我国制造业升级综合效率的影响效应,并进一步检验"互联网+"对我国制造业升级效率的网络效应。

$$\ln Y_{it} = \alpha_0 + \alpha_1 \ln INT_{i,t} + \alpha_2 \ln KV_{i,t} + f_i + \varepsilon_{i,t} \tag{6-1}$$

其中,Y 表示被解释变量,在计量模型中分别用综合效率(OEE)及其分解指数技术效率(EFF)和规模效率(SE)代入,互联网因素以 INT 表示,控制变量以 KV 表示,非观测的个体固定效应以 f_i 表示,随机误差项以 $\varepsilon_{i,t}$ 表示,不同地区和时间年份分别以 i 和 t 表示,模型中 ln 表示对被解释变量和解释变量分别取对数。根据上一章的理论分析,鉴于互联网可能存在网络效应,互联网对综合效率的影响可能呈非线性关系,对此,本章运用汉森(Hansen,1999)门槛模型对互联网网络效应的存在性进行检验,在公式(6-1)基础上构建扩展门槛模型,具体如下:

$$\ln Y_{it} = \alpha_0 + \alpha_1 \ln INT_{i,t} I(Q_{i,t} \leq \delta) + \alpha_2 \ln INT_{i,t} I(Q_{i,t} > \delta) +$$
$$\alpha_3 \ln KV_{i,t} + f_i + \varepsilon_{i,t} \tag{6-2}$$

其中,$I(\cdot)$ 为指示函数,当 $I(\cdot)$ 值取 1 时,其前提是括号内的条件满足;否则当括号内的条件不满足时,$I(\cdot)$ 值取为 0;门槛变量以 $Q_{i,t}$ 表示,特定门槛值以 δ 表示;其他变量的含义与公式(6-1)中的变量含义相同。公式(6-2)可以扩展为多重门槛计量模型,本章假设仅有一个门槛的模型。

二、变量选取与数据来源

(一)被解释变量

被解释变量为综合效率及其分解指标。本章测度综合效率的方法是采用数据包络分析法,也是目前研究中用得较多的方法(许培源,2012)。数据包络分析法是基于投入产出测量经济效率的常用方法,能有效地将综合效率指数进行分解,包括技术效率指数和规模效率指数,分解后效率测算的结论更为准确。本章采用数据包络分析法测算中国制造业升级综合效率,测算过程中投入变量和产出变量具体如下。

投入变量:投入变量主要体现为劳动投入量和资本存量。劳动投入量以中国各省(自治区、直辖市)的就业总人口来衡量,资本存量采用永续盘存法估算,即本期物质资本存量是由上一期的资本存量减去本期的折旧,再加上本期物质资本投资得到,具体的估算公式为:

$$K_{it} = K_{i(t-1)}(1 - \gamma_{it}) + I_{it}/P_{it} \qquad\qquad (6-3)$$

其中,本期实际资本存量以 K 表示,I 表示固定资产投资额(当年价),P 表示固定资产投资的价格指数,γ 为折旧率,i 和 t 分别为各个省(自治区、直辖市)和时间年份。基期资本存量一般采用永续盘存法估算,距离基期越远的年份值,其估算误差越小,本章估算的基期资本存量是以 2000 年资本存量为基期资本存量,按照公式(6-3)对 2003—2018 年的中国资本存量进行估算。

产出变量:按照 2003—2018 年中国 31 个省(自治区、直辖市)的国内生产总值,以 2000 年不变价计算中国各省(自治区、直辖市)的实际国内生产总值,以此衡量各省(自治区、直辖市)的产出值,其具体数据来源于《中国统计年鉴》。

运用 DEAP 2.1 软件,根据 31 个决策单元数据和产出投入变量数据,得到各省(自治区、直辖市)2003—2018 年的生产效率指数值,具体包括综合效率值(OEE)指标、技术效率值(EFF)指标、规模效率值(SE)指标三个指标。

(二)核心解释变量与门槛变量

由于本章立足于互联网作为资源要素考察其对制造业升级综合效率的影响程度,借鉴施炳展(2016)等研究,选取互联网资源作为核心解释变量。考虑到互联网可能存在网络效应,一定程度上反映网民需求的规模效应,本章门槛变量以互联网的网民人口比例表示。

核心解释变量(INT):考虑到互联网资源跨时空性和非排他性的两个特点,一般而言,企业往往独自占有企业网站,因此,各省(自治区、直辖市)互联网资源水平以网站总数除以地区法人单位数量来衡量。

门槛变量(Q):为了实证互联网网络效应的存在性,本章利用门槛回归模型对网络效应的存在性进行检验分析,门槛变量选择地区网民人口比例作为指标,而地区网民人口比例具体以地区网民数量除以地区人口总数来表示。

(三)控制变量与虚拟变量

参考国内学者关于我国综合效率实证研究的文献(许培源,2012;郑世林、周黎安等,2014),我国经济高速增长的影响因素包括国有企业改革、对外开放、民营经济、金融危机等,这些因素通过提升综合效率途径不同程度地影响中国的经济增长。为了得到无偏的估计结果,增加城镇化、教育投入等变量加以控制。

城镇化(*Urban*):经济生产效率的提高主要体现为各类要素资源从生产效率低的部门向生产效率高的部门流动。城镇化过程的本质是人口从农村向城市流动,实现劳动力资源要素从生产效率低的第一产业向生产效率较高的第二产业转移,或从生产效率低的第一产业向生产效率较高的第三产业转移。具体以各省(自治区、直辖市)非农业人口比重衡量地区城镇化水平。

教育投入(*EDU*):教育能够有效提高劳动者技能,提升劳动者对实物设备的使用效率;教育提高人力资本水平,促进技术创新,推动经济发展。教育投入以财政教育支出占 GDP 的比重来衡量。

对外开放(*FDI*):我国通过对外开放实现与发达国家的经济技术交流,引进发达国家先进技术,吸收先进技术的扩散和知识溢出,通过消化吸收缩小与发达国家的技术差距,带动生产率增长。对外开放程度用外商直接投资占 GDP 的比重来衡量。

国有企业改革(*NER*):国有企业改革提高劳动力、资金等要素资源的配置效率,推动我国市场化进程,促进我国技术进步和经济增长。国有企业改革程度以非国有企业就业人数占总就业人数的比例来衡量。

民营经济(*PE*):民营经济是我国经济的重要组成部分,不仅在解决我国劳动力就业问题上发挥重要的作用,而且通过自有资金引进先进技术,对制造行业技术发展起着积极的作用。民营经济活跃度用私营企业工业年销售产值与规模以上工业企业销售产值的比值来衡量。

虚拟变量(*Dummy 2008*):2008 年全球金融危机对世界各国经济带来较大的影响,中国在国际贸易中受全球金融危机影响也较为显著。借鉴相关文献,本章在实证中加入虚拟变量 *Dummy 2008*,以衡量经济环境的突变,具体是 2008 年之前虚拟变量 *Dummy* 取值为 0,2008 年之后虚拟变量 *Dummy* 取值为 1。

(四)数据来源与描述性统计

在被解释变量和核心解释变量中,相关指标数据均来源于《中国统计年鉴》《中国基本单位统计年鉴》《中国人口和就业统计年鉴》《中国劳动统计年鉴》、中国国家统计局数据库、各省(自治区、直辖市)统计年鉴以及中国互联网络信息中心 CNNIC 的统计报告,各省(自治区、直辖市)实际使用外资额来源于 Wind 数据库。本章相关变量的统计描述如表 6.1 所示。

表 6.1 变量的统计描述

变量类型	变量	变量意义及其计算	观察个数	均值	标准偏差	最小值	最大值
被解释变量	OEE	综合效率指数	465	1.0530	0.0376	0.9151	1.2675
	EFF	技术效率指数	465	0.9829	0.0373	0.8660	1.2698
	SE	规模效率指数	465	1.0706	0.0408	0.9151	1.1920
核心解释变量	INT	互联网资源 = 网站总数/法人单位数	465	0.1561	0.1703	0.0130	1.3828
门槛变量	Q	网民人口比例 = 网民数/总人口	465	0.2455	0.1815	0.0113	0.7505
控制变量	EDU	教育投入 = 财政教育支出/GDP	465	0.0329	0.0189	0.0132	0.1560
	Urban	城镇化 = 非农业人口/总人口	465	0.3631	0.1645	0.1451	0.9023
	FDI	外商直接投资	465	0.0256	0.0216	0.0006	0.1458
	NER	国有企业改革 = 1−国有企业就业人数/总就业人数	465	0.9197	0.0454	0.7682	0.9815
	PE	民营经济活跃度 = 私营企业工业销售产值/规模以上工业企业销售产值	465	0.2022	0.1178	0.0246	0.5001
虚拟变量	Dummy 2008	2008 年虚拟变量,2008 年之前为 0,之后为 1	465	0.5288	0.4986	0	1

三、实证结果分析

本章对回归方程主要解释变量先进行多重共线性检验,再进行相关性检验,检验发现 $max\{vif_1,vif_2,\cdots,vif_k\} = 3.72$,由于该值远小于经验法则的最低数值 10,通过回归分析可知主要解释变量间不存在多重共线性影响。考虑到回归方程可能存在异方差和自相关等问题,在模型回归分析中采用聚类稳健标准差解决异方差问题,提高了回归分析准确性。与此同时,本章运用辅助回归法检验面板模型采用固定效应模型还是随机效应模型(陈强,2014)?首先假设选用随机效应模型合理,在此情况下测度被解释变量 EFF 的 p 值、SE 的 p 值和 OEE 的 p 值,由于三个被解释变量的 p 值均为 0.0000,结论一致接受固定效应模型。

（一）基本回归分析

基于公式（6-2）的计量模型，用 EVIEWS 软件对样本数据进行估计，回归估计结果见表 6.2。表中第（1）列是被解释变量为技术效率指数的回归结果，在该列中 $lnINT$ 的回归系数值为 0.0085，系数值为正，并且显著性水平为 1%，表明在样本期间，互联网对技术效率具有显著正向作用，但作用程度较小。由此可见，样本期间互联网对技术效率提升的促进作用较小，这可能由于样本期间我国互联网经济发展相对滞后，大部分企业在经营管理水平、生产设备自动化程度均滞后于互联网经济发展需要，体现出互联网对技术效率的作用较小。表中第（2）列是被解释变量为规模效率指数的回归结果，在该列中 $lnINT$ 的回归系数值为 0.0076，系数值为正，并且显著性水平也达到 1%，表明互联网能够提高我国的规模效率。表中第（3）列是被解释变量为综合效率指数的回归结果，在该列中 $lnINT$ 的回归系数值为 0.0153，系数数值为正并且显著性水平为 1%，表明互联网对我国制造业综合效率有促进作用，因此前文提出的假设成立。此外，计量回归模型还包含若干控制变量，控制变量分别解释如下。

（1）城镇化：城镇化对中国制造业综合效率具有显著的促进作用，且显著性水平为 1%。这表明增加非农业人口能够提升中国制造业综合效率。

（2）对外开放：对外开放对中国制造业综合效率的作用不显著，可能的解释是中国自主创新不足和劳动力成本上升制约对外开放的溢出效应作用。

（3）教育投入：教育投入对中国制造业综合效率具有显著的促进作用。其解释是教育投入显著的提高劳动力素质，劳动者熟练地掌握和使用现有技术进行生产，提高了技术效率，进而通过提高技术效率实现制造业综合效率提升。

（4）国有企业改革：国有企业改革对技术效率提升具有显著的负向影响，而对规模效率提高有显著的正向影响，综合上述影响，国有企业改革对制造业升级综合效率的影响并不显著。

（5）民营经济：民营经济对我国制造业升级规模效率具有显著的促进作用，对我国制造业升级综合效率也具有显著的促进作用，但作用程度相对较小。

（6）2008 年全球金融危机：虚拟变量（$Dummy\ 2008$）对我国制造业综合效率和规模效率的系数均为负，且均在 1% 水平上显著。这表明 2008 年全球金融危机对我国经济产生显著的负向影响，全球金融危机后发达国家实施的"再工业化"政策一定程度上不利于我国制造业综合效率的提升。

（二）网络效应分析

互联网主要特征是网络效应的存在性。在网络效应的影响和作用下，互联网价值的增加导致新的网民不断加入，而新网民的加入增强了互联网对制造业升级的促进作用。同时，实现网络效应需要跨越一个临界规模（Criti-calmass）（Rohlfs，1974），即可能存在门槛效应，如果超过一个临界规模，互联网对经济的作用呈现非线性（Röller 和 Waverman，2001）。本章通过构建门槛回归模型（Hansen，1999），利用公式（6-2）实证分析互联网网络效应的存在性。

表6.2　互联网对综合效率及技术效率的固定效应和门槛回归模型估计结果

自变量	因变量			
	（1）	（2）	（3）	（4）
	ln*EFF*	ln*SE*	ln*OEE*	ln*OEE*
ln*INT*	0.0085 *** (1.1526)	0.0076 *** (1.0822)	0.0153 *** (3.2374)	—
ln*Urban*	0.0289 (1.2001)	0.0335 (1.2655)	0.0625 *** (2.9355)	0.0679 *** (2.7702)
ln*FDI*	0.0043 (1.1086)	−0.0003 (−0.0535)	0.0042 (1.2136)	−0.0013 (−0.4882)
ln*EDU*	0.0705 *** (4.1596)	−0.0289 * (−1.7291)	0.0421 *** (3.2987)	0.0315 ** (2.3895)
ln*NER*	−0.4512 *** (−3.2691)	0.4702 ** (2.7281)	0.0162 ** (0.1191)	0.0272 (0.2591)
ln*PE*	0.0045 (0.5852)	0.0267 *** (2.8115)	0.0325 *** (6.5852)	0.0291 *** (4.8154)
Dummy 2008	0.0125 (1.5727)	−0.0475 *** (−8.3989)	−0.0355 *** (−5.6527)	−0.0385 *** (−5.8779)
ln*INT*_1	—	—	—	0.0092 *** (3.2846)
ln*INT*_2	—	—	—	0.0065 (1.5532)
ln*INT*_3	—	—	—	0.0128 *** (4.5181
Constant	0.1925 *** (2.8721)	0.2017 *** (3.4721)	0.3825 *** (7.8227)	0.3325 *** (5.8841)

续表

自变量	因变量			
	（1）	（2）	（3）	（4）
	ln*EFF*	ln*SE*	ln*OEE*	ln*OEE*
N	465	465	465	465
R^2	0.2767	0.3412	0.2898	0.3813

注:括号内的数值是 t 值,*、**、*** 分别表示在 10%、5%、1%的水平上显著。

1. 门槛识别

门槛回归模型的两个假设需要检验:一个是检验门槛效果显著性的假设,另一个是检验门槛估计值是否等于真实值的假设。具体而言,门槛效果显著性检验可以按照不存在门槛,存在单一门槛、双重门槛、三重门槛依次展开;而门槛估计值是否等于真实值的检验原假设是 $H_0 : \delta = \delta_0$,计算相应的似然比检验统计量 $LR(\delta)$。当 $LR(\delta) \leqslant -2\ln[1-(1-\beta)^{1/2}]$ 时,原假设不能拒绝,其中 β 表示 5%的显著性水平,对应 LR 为 7.55 的临界值(Hansen,1999)。假设网民人口比例(Q)为门槛变量,以 ln*INT* 为解释变量对上述两个假设进行检验,结果见表 6.3,检验发现单一门槛和双重门槛的显著性水平均在 1%水平上显著,单一门槛和双重门槛自抽样 P 值分别是 0.0100 和 0.0000,而三重门槛模型的显著性水平为 5%,自抽样 P 值为 0.0263(见表 6.3)。同时,利用门槛回归模型对第二个假设进行检验,根据模型对应的似然比检验统计量,其对应似然比的函数图如图 6.1 所示。结合图 6.1,可以得到门槛值的置信区间,分析估计值的构造方式,选择双重门槛模型比较合适。

表 6.3　门槛效果检验结果

模型	F 值	P 值	门槛值			临界值		
			I	II	III	1%	5%	10%
单一门槛	34.5668***	0.0100	0.4053	—	—	35.5162	26.9278	23.8757
双重门槛	22.9525***	0.0000	0.1076	0.4012	—	18.2553	11.6267	8.5132
三重门槛	9.8109**	0.0263	0.1076	0.4012	0.3025	11.8229	8.1094	6.3989

注:(1)*、**、*** 分别表示在 10%、5%、1%的水平下显著,P 值是反复抽样 300 次得到的结果,方法采用自抽样法。(2)每一次门槛检验中,识别出的门槛值对前一个门槛值进行重新修正。

第一个门槛估计值和置信区间

第二个门槛估计值和置信区间

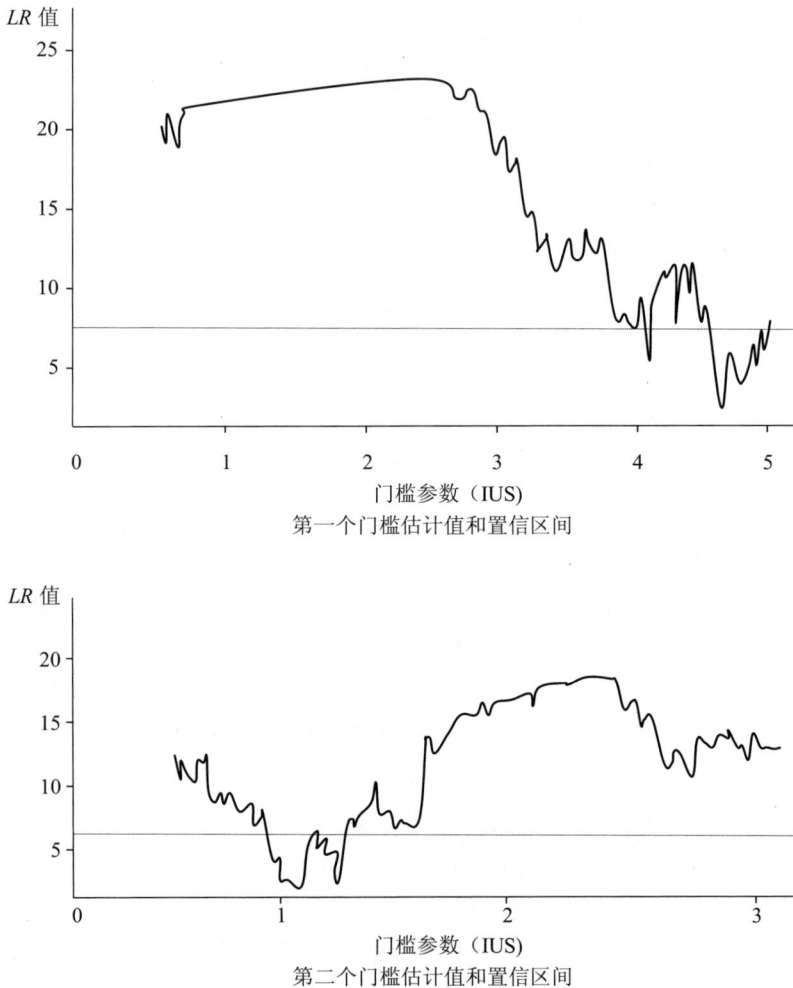

图 6.1　门槛估计值和置信区间图

2. 门槛回归分析

对双重门槛模型的两个门槛值,门槛值 I 为 0.1076,门槛值 II 为 0.4012,分别表示网民人口比例为 10.76% 和 40.12%,根据这两个门槛值划分三种类型的样本,当 $Q \leqslant 0.1076$ 时,网民人口比例为低规模阶段;当 $0.1076 < Q \leqslant 0.4012$ 时,网民人口比例为中规模阶段;当 $Q > 0.4012$ 时,网民人口比例为高规模阶段(如表 6.4)。通过表 6.4 可以发现根据网民人口比例的规模划分标准,2008 年前我国大部分省份使用互联网处于低规模阶段,2008 年后我国大部分省份使用互联网迅速处于中规模阶段,并向高规模发展阶段;2013 年我国有近 2/3 省份处于高规模阶段,余下 1/3 省份处于中规模阶段。结合关于互联网促进我国经济增长的研究(李立威和景峰,2013),可以初步判断互联网对制造业综合效率的影响存在网络效应。本章构建双重门槛模型,以 $\ln INT$ 为解释变量,门槛变量为网民人口比例(Q),实证检验"互联网+"对制造业升级综合效率的网络效应,表 6.2 中第(4)列是该回归的结果。回归结果显示:与第(3)列相比,第(4)列的 R^2 值比第(3)列的 R^2 值大,表明门槛回归模型比一般回归模型有更好的解释力度。在第(4)列中,根据样本区间划分,增加 $\ln INT\_1$ 变量、$\ln INT\_2$ 变量和 $\ln INT\_3$ 变量,$\ln INT\_1$ 变量对应低规模阶段,$\ln INT\_2$ 变量对应中规模阶段,$\ln INT\_3$ 变量对应高规模阶段。根据第(4)列结果研究发现,$\ln INT\_1$ 系数为 0.0092,并且显著性水平为 1%,表明网民人口比例为低规模阶段,互联网能够促进制造业综合效率,但作用较小;$\ln INT\_2$ 系数为 0.0065,但不显著,表明网民人口比例为中规模阶段,互联网对制造业综合效率的影响不显著;$\ln INT\_3$ 的系数为 0.0128,并且显著性水平为 1%,表明互联网对制造业综合效率影响较大,且作用程度比低规模阶段更大。对此,合理的解释是互联网作为快速发展的新技术,当网民人口比例处于低规模阶段,互联网出现对制造业综合效率的促进作用较为明显,但随着互联网技术普及,互联网对制造业综合效率的作用不明显,具体表现为网民人口比例中规模阶段,互联网对制造业综合效率作用的系数变小,并且显著性水平为不显著;而互联网发展达到一定高水平阶段,尤其是网民人口比例超过一定临界规模时,由于其网络效应的作用,互联网对制造业综合效率的影响显现出更大的促进作用,此时互联网对制造业综合效率的作用系数大于互联网导入初期的作用系数。

本章回归结果显示网民人口比例为高规模阶段,对应的 $\ln INT\_3$ 系数值为 0.0128,其值高于网民人口比例低规模阶段的 $\ln INT\_1$ 系数值 0.0092,并且两者都在 1%的水平上显著。由此可以判断,互联网对中国制造业综合效率的促进作用存在网络效应,并且呈现非线性特征。

表 6.4 不同年份各个区间内样本数量

阶段＼年份	2003	2004	2005	2006	2007	2008	2009	2010	2011	2012	2013	2014	2015	2016	2017	2018	总计
低规模	28	28	27	25	20	7	0	0	0	0	0	0	0	0	0	0	135
中规模	3	3	4	6	11	23	25	24	23	18	11	10	8	7	6	4	213
高规模	0	0	0	0	0	1	6	7	8	13	20	21	23	24	25	27	117
合计	31	31	31	31	31	31	31	31	31	31	31	31	31	31	31	31	465

数据来源:作者基于样本划分。

（三）地区差异分析

现有研究文献（Jung，2014）研究互联网对地区经济作用差异存在争议，为了进一步探讨互联网对地区制造业效率的作用，本章将我国各省（自治区、直辖市）划分为东部、中部和西部三个地区，分析东部、中部和西部地区互联网对地区制造业效率的差异性。地区差异分析回归结果如表 6.5 所示。研究发现，"互联网+"对东部制造业升级效率具有显著的促进作用，并且作用程度较大；而"互联网+"对中部和西部地区制造业升级效率也具有显著的促进作用，但作用程度较小，这进一步验证了"互联网+"对制造业升级效率具有显著的促进作用。

表 6.5　地区差异固定效应模型的回归结果

自变量	因变量								
	东部			中部			西部		
	(5)	(6)	(7)	(8)	(9)	(10)	(11)	(12)	(13)
	lnEFF	lnSE	lnOEE	lnEFF	lnSE	lnOEE	lnEFF	lnSE	lnOEE
lnINT	0.0091 *** (1.3595)	0.0063 *** (0.9591)	0.0126 *** (4.3374)	0.0048 *** (0.9566)	0.0041 *** (0.5933)	0.0137 *** (2.7732)	0.0045 *** (0.8573)	0.0037 *** (0.5876)	0.0133 *** (2.7537)
N	165	165	165	90	90	90	180	180	180
R^2	0.2923	0.2331	0.2437	0.2832	0.2749	0.2397	0.3234	0.3679	0.2995

注：*、**、*** 分别表示在 10%、5%、1% 的水平上显著。

（四）内生性问题讨论

在经济实证研究中，遗漏变量、测度误差等因素均有可能导致内生性问题，内生性问题是经济实证研究中需要解决的一个问题。本章已经处理了可能存在的内生性问题，对测度误差可能导致内生性的问题，本章采用数据包络分析法测度被解释变量综合效率，在测度综合效率指数时，一方面在数据来源上采用国家统计局权威数据；另一方面在测度综合效率指数时做了一阶差分，弱化了测度误差对估计结果的影响。对于遗漏变量可能导致内生性的问题，本章通过辅助回归法检验面板模型，采用固定效应模型，并且在估计中加入城镇化、教育投入等变量加以控制。由此可见，在考虑了内生性问题后，"互联网+"对我国制造业升级综合效率具有显著的促进作用，并且作用程度较大；而"互联网+"对我国制造业升级技术效率的作用较小。这一结论与回归分析所得的结论相一致，表明研究假设得到进一步验证。

四、结论与政策启示

本章利用 2003—2018 年我国省级面板数据,实证检验了"互联网+"对制造业升级效率的影响效应和网络效应,得到如下结论:第一,在样本期间,"互联网+"对我国制造业升级综合效率具有显著的促进作用,并且作用程度较大;"互联网+"对我国制造业升级技术效率也具有显著的促进作用,但作用程度较小。第二,由于互联网存在网络效应特征,互联网对我国制造业综合效率的促进作用呈现非线性。以网民人口比例为门槛变量,利用门槛回归模型检验其门槛效应,发现互联网对我国制造业升级综合效率的促进作用存在两个门槛值,这两个门槛值分别是网民人口比例为 10.76% 的门槛值和网民人口比例为 40.12% 的门槛值。其中,10.76% 门槛值是互联网作为新技术初期对我国制造业升级效率作用的门槛值,40.12% 门槛值是发挥互联网网络效应的临界值。第三,以计算机为主要终端的互联网对我国制造业综合效率具有显著的促进作用,在互联网应用达到临界规模后对制造业升级的促进作用更为明显。

通过实证研究,可以得到以下政策启示:

一是加快建设普惠互联网,提高我国互联网普及率。研究发现"互联网+"对我国制造业升级效率具有显著的促进作用,并且"互联网+"对我国制造业升级效率的促进作用存在网络效应,具有持久性。提高互联网普及率对提升我国制造业升级效率具有促进作用,互联网普及率越高,其提升制造业升级效率越大,对经济发展的促进程度更大。门槛回归结果显示,网民人口比例 40.12% 是互联网促进我国制造业升级并实现网络效应的一个临界规模。目前我国大部分省(自治区、直辖市)网民人口比例已经达到该值,互联网将成为未来我国制造业发展的新引擎。未来应普及互联网,注重提升互联网的服务能力,推进"提速降费"政策的落实,着力解决区域和城乡互联网发展不平衡问题。

二是加快实施"互联网+"战略,推动"互联网+"与我国制造业的深度融合。研究发现"互联网+"对我国制造业升级综合效率提升具有显著的促进作用,但"互联网+"对我国制造业升级技术效率和规模效率的促进作用较小,这表明我国制造企业需要加快互联网化转型,建立基于互联网的组织结构、生产方式、商业模式和业务运营体系。结合国家有关"互联网+"战略行动指导意见,制造企业根据实际经营状况深入实施互联网应用、拓展互联网应用,发挥互联网对传统制造业的改造作用,通过"互联网+"改造传统制造业转型升级,加强大数据、云计算、人工智能在智能制造领域的应用,促进互联网与先进制造业融合发展。

第二节 "互联网+"对我国制造业升级效率
——基于空间计量模型的实证分析

　　由于我国制造业较多依托产业集群形式集聚各地,这种集聚形式主要是企业经济活动的空间集聚,通过空间集聚形成产业集群,产生空间集聚效应和规模经济效应。制造业效率提升是制造企业通过合理配置内外资源,降低生产成本,从而提高产品质量和效率。考虑到互联网资源的跨时空性和非排他性,本书需要进一步从空间上考察"互联网+"对我国制造业升级效率的影响。本章以我国 31 个省(自治区、直辖市)为样本单元,运用空间计量模型,实证验证"互联网+"对我国制造业升级效率的影响,在此基础上提出相应的政策建议和举措。

一、模 型 构 建

　　本章首先检验因变量是否存在空间自相关,具体方法是依据莫兰(Moran)的空间自相关指数进行检验,并基于此构建空间计量模型,定量分析研究"互联网+"与制造业效率两者之间的关系。

　　(一)空间相关性检验

　　本章首先应用 Moran'I 指数检验变量间的空间相关性,其中 Moran'I 指数的取值范围为-1 到 1 之间。如果各地区该变量为空间是正相关,则该指数介于 0 和 1 之间,表明各地区存在空间集聚效应;如果各地区该变量为空间是负相关,则该指数介于-1 和 0 之间,表明各地区不存在空间集聚效应;如果各地区该变量为空间是不相关,则该指数为 0,表明各地区在空间分布上相互独立。

$$Moran'I = \frac{\sum_{i=1}^{n} \sum_{j=1}^{m} Z_{ij}(Y_i - \bar{Y})(Y_j - \bar{Y})}{s^2 \sum_{i=1}^{n} \sum_{j=1}^{m} Z_{ij}} \quad (6-4)$$

　　其中, $s^2 = \frac{1}{n} \sum_{i=1}^{n} (Y_j - \bar{Y})$, $\bar{Y} = \frac{1}{n} \sum_{i=1}^{n} Y_i$

　　邻接空间权值矩阵值以 Z_{ij} 表示,第 i 地区观测值以 Y_i 表示,地区总数以 n 表示,邻接空间权值矩阵值采用目前国际通行的邻接标准设定表示。邻接标准 Z_{ij} 表示为: $Z_{ij} = 1$,区域 i 和区域 j 之相邻, $Z_{ij} = 0$,区域 i 和区域 j 不相邻,其中,$i = 1,2,3,\cdots,n;j = 1,2,3,\cdots,m;n = m$ 或者 $n \neq m$。

区域间空间自相关关系是否存在用以下公式检验:

$$Z(d) = \frac{Moran'I - E(I)}{\sqrt{VAR(I)}} \tag{6-5}$$

公式(6-5)中,$E(I) = -\dfrac{1}{n-1}$,$VAR(I) = \dfrac{n^2 z_1 + n z_2 + 3 z_0^{\,2}}{z_0^{\,2}(n^2 - 1)}$

$$z_0 = \sum_{i=1}^{n} \sum_{j=1}^{n} Z_{ij} , z_1 = \frac{1}{2} \sum_{i=1}^{n} \sum_{j=1}^{n} (Z_{ij} + Z_{ji})^2 , z_2 = \sum_{i=1}^{n} (Z_{i\cdot} + Z_{\cdot j})^2$$

上述公式中,$Z_{i\cdot}$ 表示空间权重矩阵中 i 行之和,$Z_{\cdot j}$ 表示空间权重矩阵中 j 列之和。

(二)空间计量模型

本文空间计量模型主要采用空间误差模型(SEM)和空间滞后模型(SLM)两种模型。

空间误差模型(SEM)表示为:

$$Y_{ij} = \beta_0 + \sum_{j=1}^{n} \beta_j X_{ikj} + \varepsilon_{it} \tag{6-6}$$

公式(6-6)中,$\varepsilon_{it} = \theta Z \varepsilon_{it} + \mu_{it}$,　$\mu_{it} \sim N(0, \sigma^2 I)$。

空间滞后模型(SLM)表示为:

$$Y_{ij} = \beta_0 + \lambda Z Y_{it} + \sum_{j=1}^{n} \beta_j X_{ikj} + \varepsilon_{it} \tag{6-7}$$

公式(6-7)中,$\varepsilon_{it} \sim (0, \sigma^2 I)$。

SEM 和 SLM 两个模型中,Y 和 X_j 分别表示因变量和自变量,ε_{it} 和 μ_{it} 是随机误差项(服从正态分布),i 和 t 分别表示区域和时间,截距为 β_0,β_j、θ、λ 均为相应系数,Z 是空间权重矩阵。其中,β_j 是自变量的回归系数,λ 是空间回归系数,反映观测值的空间依赖。对于空间自相关性检验,本章估计运用 SEM 模型和 SLM 模型,前者模型尽管无偏但不具有有效性,后者模型有偏而且不一致。为此,结合极大似然法(ML),本章对该两个模型进行估算,构建如下检验模型:

SEM 模型:$\ln(OEE_{it}) = \beta_0 + \beta_1 \ln(IN_{it}) + \beta_2 \ln(SC_{it}) + \beta_3 PY_{it} + \beta_4 SA_{it} + \varepsilon_{it}$,$\varepsilon_{it} = \theta W \varepsilon_{it} + \mu_{it}$ (6-8)

SLM 模型:$\ln(OEE_{it}) = \beta_0 + \lambda W Y_{it} + \beta_1 \ln(IN_{it}) + \beta_2 \ln(SC_{it}) + \beta_3 PY_{it} + \beta_4 SA_{it} + \varepsilon_{it}$ (6-9)

其中,OEE 表示制造业效率,IN 表示互联网信息化水平,SC 表示产业规模水平,PY 表示产业化水平,SA 表示空间集聚程度,W 表示空间相关程度。

二、主要变量和数据来源

（一）主要变量

1. 被解释变量：制造业效率 OEE，采用综合效率来衡量。

2. 解释变量：互联网信息化水平 IN，以各地每万人互联网用户数表征互联网信息化水平。

3. 控制变量：

（1）产业规模水平 SC，以制造业总产值与就业人数的比值来表示。

（2）产业化水平 PY，以制造业占总就业的比重来表示。

（3）空间集聚程度 SA，以区位熵来表征（符号 A，比值），具体计算方法为：$A=(PM_i/P_i)/(PM/P)$，其中 i 省份制造业从业人数和总从业人数分别以 PM_i 和 P_i 表示，全国制造业从业人数和总从业人数分别以 PM 和 P 表示。

（4）空间相关程度 W，用空间权重矩阵表征。

（二）数据来源与处理

本章选取 2003 年以来我国 31 个省（自治区、直辖市）的面板数据进行分析，数据来源于 2003—2018 年的《中国统计年鉴》、我国 31 个省（自治区、直辖市）统计年鉴，以及国家统计局网站数据资料。

三、检验结果与分析

（一）模型检验

2003—2018 年我国制造业效率的空间相关性检验值（$Moran's\ I$ 指数值）通过运用 Stata 软件计算得到，2003—2018 年我国制造业效率的相关性检验值结果见表 6.6。2003—2018 年我国制造业效率的 $Moran's\ I$ 指数值大

表 6.6　制造业效率空间自相关检验结果的值（2003—2018 年）

年份	2003	2004	2005	2006	2007	2008	2009	2010
E	0.218**	0.307***	0.447***	0.368***	0.474***	0.389**	0.416***	0.410***
Z 值	2.159	3.153	2.891	2.746	2.232	2.563	2.767	2.294
年份	2011	2012	2013	2014	2015	2016	2017	2018
E	0.479**	0.433***	0.387**	0.392***	0.397***	0.425***	0.403***	0.418***
Z 值	2.929	2.895	2.253	2.454	2.502	2.787	2.569	2.632

注：*、**、*** 分别表示在 10%、5%、1%的水平上显著。

部分年份通过了显著性水平为 1% 的显著性检验;而在 2003 年、2008 年、2011 年和 2013 年通过了显著性水平为 5% 的显著性检验。这表明我国 31 个省(自治区、直辖市)间的制造业效率不是完全的随机状态,存在空间相关性,因此,适宜采用空间计量模型。

(二)空间计量模型估算

对于 SEM 模型和 SLM 模型,本章使用 Matlab 软件进行估计,结果如表 6.7 所示。SEM 模型的双固定模型拟合度达到 0.9486,拟合度比较好,被解释变量 94.86% 的变化可用解释变量说明;而 SLM 模型的双固定模型拟合度达到 0.9507,拟合度也比较好,被解释变量 95.07% 的变化可用解释变量说明。相对于地区固定模型和时间固定模型,双固定模型估计结果较为理想。而且,SEM 模型中双固定模型的似然值达到了 61.7635,SLM 模型中双固定模型的似然值达到了 63.2821,综合上述检验,本章选择 SEM 模型进行空间分析。

表 6.7 "互联网+"提升制造业效率实证结果

变量	SLM 模型			SEM 模型		
	1 (地区固定)	2 (时间固定)	3 (双固定)	1 (地区固定)	2 (时间固定)	3 (双固定)
$\ln(I)$	0.0253 * (1.175)	0.2648 *** (2.803)	0.0671 ** (1.664)	0.0402 * (1.281)	0.2879 *** (2.909)	0.0845 * (1.423)
PY	5.7843 *** (3.3264)	4.0245 * (1.164)	4.5382 *** (2.834)	6.2235 *** (3.772)	3.9684 *** (1.086)	3.8313 *** (2.764)
SC	0.4247 *** (0.4164)	0.2907 *** (3.527)	0.0356 ** (1.884)	0.4501 *** (6.384)	0.2847 *** (3.245)	0.0473 *** (2.567)
SA	−0.4821 *** (−2.746)	−0.4065 * (−2.133)	−0.3160 *** (−1.835)	−0.4127 *** (−2.136)	−0.4012 * (−1.132)	−0.3825 ** (−1.676)
θ	—	—	—	0.0745 ** (1.878)	0.0353 ** (1.926)	0.3557 *** (3.302)
λ	0.3032 ** (1.675)	0.1067 *** (1.437)	0.3029 *** (3.316)	—	—	—
$Adjust\text{-}R^2$	0.9178	0.5498	0.9507	0.9354	0.5019	0.9486
$Log\text{-}$ $likelihood$	41.6385	57.5346	63.2821	44.8721	55.8566	61.7635

注: *、**、*** 分别表示在 10%、5%、1% 的水平上显著。

(三)结果分析与讨论

基于上述分析,本章认为"互联网+"对我国制造业效率提升具有显著的促进作用,具体分析如下。

"互联网+"对制造业效率提升具有显著的促进作用,存在正相关关系,但作用程度不大。随着互联网技术的发展,互联网不断渗入制造业,互联网与制造业逐步融合,推动制造业向智能型和服务型转型发展。目前我国信息化建设存在一定的差距,互联网信息化基础设施不够完善,信息化软件应用没有普及,互联网与制造业融合程度尚不够深入,导致互联网对制造业效率提升作用较小。

产业规模水平与制造业效率提升存在显著正向关系,显著性水平为1%,这表明产业规模水平对制造业效率提升起显著的促进作用。制造业规模水平提升,制造业产业内和产业间存在知识外溢,尤其是高新技术产业内和产业间通过人力资本流动、技术研发成果运用等途径实现知识外溢,并且在互联网作用下可以突破时空局限性,产业比较容易获取规模经济效应,进而影响制造业效率。

产业化水平与制造业效率也存在显著的正向关系,且在1%水平上显著,这表明产业化水平对制造业效率提升同样具有促进作用。制造业发展需要依靠高端专业技术人才、信息化专业人才等人才支撑。在制造业集群里,制造业产业化水平越高,产业越容易发展,产业内交易成本变得更加低,产业链上企业参与活跃,进一步提升制造业水平,一定程度上提升了制造业生产效率。

空间集聚程度与制造业效率存在显著的负向关系,且在5%水平上显著,这表明空间集聚程度对制造业效率提升作用呈现出一种显著的负向关系。可能的解释是各地制造业在产业空间发展过程中相互结合的程度不够,尚未形成融合式发展,存在相互制约发展。可能的原因包括制造业外迁,远离城市中心,相关生产性服务业和商业服务业脱离制造业;或者大多数制造企业所需的生产性服务对外需求明显不足,这不利于制造业的发展,可能导致制造业效率低下。

四、基 本 结 论

本章运用空间计量模型,从产业规模水平、产业化水平和空间集聚程度等方面,研究"互联网+"和制造业升级效率之间的关系。研究表明,"互联网+"从整体上对制造业效率提升具有显著的正向关系,"互联网+"对制造业升级效率提升具有促进作用,但作用程度较小。产业规模水平与制造业效率提升存在显著的正向关系,且显著性水平为1%;产业化水平与制造业效率也存在显著的正向关系,且显著性水平为1%;制造业空间集聚程度与制造业效率呈现显著的负相关,这可能的原因是各地制造业在产业空间发展过程中有机结合程度不够,未能形成融合式发展,大量制造业外迁导致生产性服务业无法满足制造业发展需要,一定程度上影响制造业效率。

第三节 "互联网+"对我国制造业升级 配置效率影响的实证分析

本章在理论分析中指出制造业升级本质上是产业运行配置效率和技术效率的提升,根据相关理论分析,已经测算配置效率并对测算配置效率进行分析解释,在此基础上本章进一步选择影响制造业升级配置效率的相关指标,实证分析"互联网+"对我国制造业升级配置效率的影响,探究"互联网+"对制造业升级配置效率的影响程度,从而提出"互联网+"对制造业升级配置效率提升的建议。

一、模型设定

在理论分析的基础上,本章对"互联网+"影响制造业升级配置效率进行回归分析。首先对面板数据模型的固定效应和随机效应进行估计选择,假设设定模型为随机效应模型,然后通过 Husman 检验对其进行检验。通过 Husman 检验,发现设定的面板模型的 Husman 检验量的 P 值远大于 0.1 显著性水平,因此,本章采用随机效应面板模型。在模型中加入被解释变量的滞后一期项,目的是消除可能存在的序列自相关性问题。模型设定如公式(6-10)。实证采用最小二乘法(OLS)面板数据模型法。

$$CE_{it} = \alpha_0 + \alpha_1 \ln(LAB_{it}) + \alpha_2 \ln(INT_{it}) + \alpha_3 \ln(RD_{it}) +$$
$$\alpha_4 \ln(AGDP_{it}) + \alpha_5 \ln(TAX_{it}) + \alpha_6 \ln(TRA_{it}) + \alpha_7 \ln(FDI_{it}) + \alpha_8 CRI_t +$$
$$\alpha_9 ZONE_i + \alpha_{10} \ln(TE_{it-1}) + \xi_i \qquad (6-10)$$

其中,$i = 1, 2, \cdots, 31$,分别对应 31 个省(自治区、直辖市);$t = 2003$,$2004, \cdots, 2018$。

公式(6-10)中各指标符号含义:

CE_{it} 是地区 i 在 t 年的配置效率值,$0 < TE_{it} \leqslant 1$;β_0 是常数项;ξ_i 是随机扰动项。

LAB_{it} 是劳动力存量,以地区年末从业人数表示。

INT_{it} 是互联网资源,以地区注册网站数量表示。

RD_{it} 是地区技术水平,以地区万人专利授权量表示。

$AGDP_{it}$ 是消费能力,以地区人均生产总值表示。

TAX_{it} 是税收总额,以地区税收总量占总产值的比重表示。

TRA_{it} 是对外贸易总额,以地区对外贸易总额与社会消费品零售总额的比重来表示。

FDI_{it} 是外商直接投资,以地区外商投资总额与总产值的比重表示。

CRI_t 表示全球金融危机冲击,以 2008 年为 1,否则为 0。

$ZONE_i$ 表示地区 i 是否具有特殊的区位优势,东部地区值为 1,否则为 0。

α_0 是常数项。

二、主要变量和数据来源

在分析制造业升级影响因素的基础上,本章考察"互联网+"影响制造业升级的具体变量指标,包括将年末从业人数、注册网站数量、万人专利授权量、人均生产总值、税收总额、对外贸易总额、外商直接投资、全球金融危机、区位优势等因素作为影响制造业升级的具体指标,各解释变量数据处理如表 6.8 所示。

表 6.8 解释变量选择及数据处理

解释变量	符号	数据处理
年末从业人数	LAB	$LAB = \ln($ 年末从业人数 $)$
注册网站数量	INT	$INT = \ln($ 网站数/法人单位数 $)$
万人专利授权量	RD	$RD = \ln($ 万人专利授权量 $)$
人均生产总值	$AGDP$	$AGDP = \ln($ 人均生产总值 $)$
税收总额	TAX	$TAX = \ln($ 总税收/生产总值 $)$
对外贸易总额	TRA	$TRA = \ln($ 对外贸易总额/社会消费品零售总额 $)$
外商直接投资	FDI	$FDI = \ln($ 外商直接投资/生产总值 $)$
全球金融危机	CRI	令 $CRI_{2008} = 1; CRI_{others} = 0$
区位优势	$ZONE$	令 $ZONE_{东部} = 1; ZONE_{others} = 0$

相关指标数据来源于《中国基本单位统计年鉴》和历次全国经济普查报告、《中国人口和就业统计年鉴》、《中国劳动统计年鉴》,各省(自治区、直辖市)实际使用外资额度来源于 Wind 数据库。其他数据均来源于《中国统计年鉴》、中国国家统计局数据库、各省份统计年鉴以及中国互联网络信息中心 CNNIC 的统计报告。

三、回归分析

(一)解释变量与被解释变量的相关关系

由于所选的解释变量较多,在回归分析前对解释变量和被解释变量进行相关性检验,表明各解释变量与被解释变量之间有无直接的关系。由表6.9可知,配置效率与所有解释变量存在直接的相关关系,技术效率与所有解释变量也存在直接的相关关系,不存在需要剔除的解释变量。

表6.9 变量间相关系数表

变量	CE	AGDP	INT	CRI	FDI	LAB	RD	TAX	TRA	ZONE	TE
CE	1.000	—	—	—	—	—	—	—	—	—	—
AGDP	0.063	1.000	—	—	—	—	—	—	—	—	—
INT	0.408	0.396	1.000	—	—	—	—	—	—	—	—
CRI	0.033	0.058	0.042	1.000	—	—	—	—	—	—	—
FDI	−0.288	−0.176	−0.251	−0.216	1.000	—	—	—	—	—	—
LAB	−0.295	0.348	−0.306	0.051	0.064	1.000	—	—	—	—	—
RD	−0.068	0.311	0.235	0.006	−0.307	0.422	1.000	—	—	—	—
TAX	0.013	0.386	0.241	0.027	−0.039	0.574	0.439	1.000	—	—	—
TRA	−0.028	0.233	−0.247	−0.165	0.403	0.378	0.227	0.276	1.000	—	—
ZONE	0.237	0.212	0.125	−0.006	−0.004	0.497	0.156	0.453	0.106	1.000	—
TE	—	0.203	0.467	−0.022	0.311	0.021	0.124	−0.051	0.411	0.079	1.000

(二)参数估计结果

根据配置效率影响因素的回归模型,利用影响配置效率相关因素的面板数据,运用 EVIEWS 11.0 软件所出参数估计结果,分析其显著性水平,检验结果如表6.10所示。

表6.10 配置效率参数估计结果及相关检验

变量	系数	标准差	P 值
C	0.36315	0.0142	0.001***
LAB	−0.00262	0.0004	0.003***
INT	0.00056	0.0005	0.021***
RD	0.00127	0.0002	0.097***

续表

变量	系数	标准差	P 值
$AGDP$	−0.00064	0.0006	0.051***
TAX	0.00352	0.0003	0.001***
TRA	0.00068	0.0007	0.498
FDI	−0.00316	0.0003	0.001***
CRI	0.00059	0.0005	0.296
$ZONE$	0.00497	0.0004	0.001***
$CE(-1)$	0.63768	0.0098	0.000***
R^2	0.81	$D.W.$检验	2.206
$A-R^2$	0.81	$Hausman$ 检验	40.060***
F 值	683	样本容量	465

注:*** 表示在1%的水平上显著。

(三)面板数据单位根与协整检验

本章对上述面板数据进行必要的单位根与协整检验,面板数据单位根检验方法主要用 LLC 检验、IPS 检验等,这些检验可通过 EVIEWS 软件和 STATA 软件完成。本章经过一阶差分检验和无差分检验,未得无单位根,进行二阶差分检验的结果如表6.11所示。

表6.11　单位根检验

检验方法	LLC	IPS	$(ADF)Fisher$	$(PP)Fisher$
CE	−9.33***	−8.01***	127.87***	142.36***
LAB	−18.52***	−7.33***	114.49***	116.17***
INT	−12.78***	−8.13***	128.25***	137.33***
RD	−10.16***	−6.77***	122.01***	176.77***
$AGDP$	−17.37***	−9.36***	149.23***	142.58***
TAX	−24.77***	−15.78***	216.16***	233.12***
TRA	−16.98***	−7.31***	132.23***	183.39***
FDI	−18.26***	−12.21***	163.67***	201.46***
CRI	−15.87***	−6.25***	108.60***	173.32***

注:*** 表示在1%的水平上显著。

上述单位根检验表明各变量之间为二阶单整,显著性水平为1%,为确定配置效率影响因素在长期内可靠,本章通过 Pedroni 检验对其进行协整检验,结果如表 6.12 所示。

表 6.12 变量协整检验

检验方法	Panel V	Panel RHO	Panel PP	Panel ADF	Group RHO	Group PP	Group ADF
统计量	−3.27***	2.87***	−10.67***	−6.15***	5.18***	−13.77***	−3.28***

注:*** 表示在1%的水平上显著。

由表 6.12 可知,检验表明显著的协整关系在变量之间存在,这证明解释变量与制造业升级配置效率之间存在稳定的均衡关系。

四、检 验 结 果

通过对制造业升级配置效率影响因素的估计,实证结果表明大部分配置效率的影响因素通过显著性检验,这些通过显著性检验的影响因素包括年末从业人数、注册网站数量、专利授权量、人均生产总值、政府税收、外商投资和区位优势,没有通过显著性检验的影响因素包括对外贸易总额和金融危机,各因素对配置效率的影响具体分析如下。

$\alpha_1 = -0.00262$,并且在 1%的水平上显著,表明年末从业人数对制造业升级配置效率存在显著的负向影响,但其影响作用较小。这表明年末从业人数越少,对地区产业升级配置效率影响越大。可能的解释是劳动力减少的情况下,企业会充分使用现有员工,工人劳动积极性被激发,劳动力资源得到合理配置;同时,企业设备通过信息化改造,很多环节采用机器换人,在工人减少的情况下,提高了劳动生产效率。同时,这表明年末从业人数越多,对于地区产业升级配置效率越小。可能的解释是我国产业以劳动密集型产业为主,处于全球价值链的低端环节,劳动投入量较大,劳动力资源合理配置程度较低。

$\alpha_2 = 0.00056$,并且在 1%的水平上显著,表明注册网站数量对制造业升级配置效率存在显著的正向影响,但在样本期内其作用程度较小。随着注册网站数量越多,互联网对制造业升级配置效率影响越显著,其正向促进作用将会提升。

$\alpha_3 = 0.00127$,表明技术创新与配置效率之间存在显著的正向关系。这表明我国技术创新能力能够显著地引导要素配置,进而促进产业结构调整。长期以来我国对技术引进形成了路径依赖,导致创新能力欠缺,这也表明我国只有增强技术创新能力,加大新技术向制造业转化,才能使技术创新成为配置效率的动力源泉。

$\alpha_4 = -0.00064$,并且在 1% 的水平上显著,表明人均产值与配置效率存在显著的负向关系,地区人均产值越大,发展水平越高,对制造业升级配置效率的作用越小。

$\alpha_5 = 0.00352$,通过了显著性水平 1% 的显著性检验,表明政府税收水平对制造业升级配置效率有显著的促进作用。政府通过税收引导要素从低效产业向高效产业流通,提升制造业升级的配置效率。

$\alpha_6 = 0.00068$,未通过显著性检验,表明对外贸易与配置效率不相关。对外贸易是国际分工的一种体现,我国对外贸易中主要出口劳动密集型产品,进口技术密集型产品,我国制造业一定程度上被锁定在低效率、低附加值的环节上,对外贸易对制造业升级配置效率提升不显著。

$\alpha_7 = -0.00316$,并且显著性水平为 1%,表明外商投资与配置效率存在反向相关性,外商投资对制造业升级配置效率的抑制作用与对外贸易相似,存在将制造业锁定在低效率、低附加值的分工环节的动机。

$\alpha_8 = 0.00059$,未通过显著性检验,表明 2008 年全球金融危机对制造业升级配置效率不存在显著的影响。

$\alpha_9 = 0.00497$,并且显著性水平为 1%,表明区位优势对制造业升级配置效率存在显著的影响。

第四节　"互联网+"对我国制造业升级技术效率影响的实证分析

通过相关理论分析,技术效率(TE)指标值是一个介于 0 到 1 之间的指标,对于技术效率指标而言,如果采用普通 OLS 模型测度其技术效率,其技术效率测度估计值往往是有偏的,本章运用 Tobit 模型估计对技术效率影响因素。

一、模型构建

Tobit 模型是因变量存在取值有范围限制时采用的模型,本文技术效率取值介于 0 到 1 之间,符合 Tobit 模型使用的特征,本文构建 Tobit 模型,如公式(6-11):

$$Z_i^* = \beta_0 + \beta_1 X_i + \xi_i, \quad i = 1, 2, \cdots, n; \qquad (6-11)$$

在公式(6-11)中,Z_i^* 为因变量,X_i 为自变量,β_0 是常数项,β_1 为相关

系数。当 $Z_i^* > 0, Z_i = Z_i^*$；当 $Z_i^* \leqslant 0, Z_i = 0$。由此可知该模型中，自变量 X_i 取不同的观测值时，因变量 Z_i^* 只能取 0 或相应值。

结合 Tobit 基本模型，本章构建"互联网+"影响制造业升级技术效率（TE）的模型，如公式（6-12）。

$$TE_{it} = \beta_0 + \beta_1 \ln(LAB_{it}) + \beta_2 \ln(INT_{it}) + \beta_3 \ln(RD_{it}) + \beta_4 \ln(AGDP_{it}) + \beta_5 \ln(TAX_{it}) + \beta_6 \ln(TRA_{it}) + \beta_7 \ln(FDI_{it}) + \beta_8 CRI_t + \beta_9 ZONE_i + \beta_{10} \ln(TE_{it-1}) + \xi_i \quad (6-12)$$

其中，TE_{it} 为配置效率值，其值介于 0 到 1 之间；β_0 是常数项；ξ_i 是随机扰动项。

LAB_{it} 表示地区 i 在 t 年的劳动力数量，以劳动力存量来衡量。

INT_{it} 表示地区 i 在 t 年的互联网资源，以注册网站数量衡量。

RD_{it} 表示地区 i 在 t 年的地区研发水平，以万人专利授权量衡量。

$AGDP_{it}$ 表示地区 i 在 t 年的人均生产总值，以地区人均生产总值衡量。

TAX_{it} 表示地区 i 在 t 年的税收量，以税收量总量在总产值中的比重衡量。

TRA_{it} 表示地区 i 在 t 年的对外贸易总额，以对外贸易总额与社会消费品零售总额的比重衡量。

FDI_{it} 表示地区 i 在 t 年的外商直接投资额，以外商直接投资总额与总产值的比重来表示。

CRI_t 表示受全球金融危机冲击，以发生全球金融危机年份 2008 年表示。

$ZONE_i$ 表示地区 i 的区位优势，具备区位优势的地区值为 1，否则为 0。

二、参数估计

模型中所涉及相关指标的数据来源于《中国统计年鉴》《中国人口和就业统计年鉴》《中国劳动统计年鉴》和历次全国经济普查报告等，各省份相关指标实际数据来源于各省份统计年鉴。其他数据均来源于《中国科技统计年鉴》、中国国家统计局数据库以及中国互联网络信息中心 CNNIC 的统计报告。

根据上述构建的 Tobit 模型，结合技术效率影响因素的理论分析，本章利用 2003—2018 年面板数据，运用 EVIEWS 11.0 软件对模型公式（6-12）进行参数估计，所得出的结果如表 6.13 所示。

表 6.13　技术效率参数估计结果及相关检验

变量	系数	标准差	P 值
C	0.9791235	3.18E−06	0.001***
LAB	−2.17E−06	1.53E−07	0.000***
INT	6.78E−06	3.82E−07	0.001***
RD	1.79E−07	8.97E−08	0.082*
$AGDP$	2.09E−06	2.58E−06	0.000***
TAX	7.58E−07	2.74E−07	0.003***
TRA	2.12E−07	8.03E−08	0.005***
FDI	4.45E−08	7.01E−08	0.045*
CRI	−1.08E−07	9.62E−08	0.302
$ZONE$	5.23E−07	1.49E−07	0.001***
$TE(-1)$	1.66E−01	3.57E−02	0.000***
残差平方和	3.18E−11	AIC	−25.87936***
Log likelihood	1902.638	SC	−24.38165***
A−Log likelihood	13.1E+01	HQC	−2.58E+01***
不受限观察值	450	观察值总量	465

注:*、**、*** 分别表示在 10%、5%、1%的水平上显著。

　　由于 Tobit 模型本质上属于一种最大似然估计,因此,需要采用最大似然估计的相关检验法检验 Tobit 模型参数估计的结果。在最大似然估计中,通过对数似然比统计量(Log likelihood)体现方程拟合的稳定性。由表6.13 可知,Log likelihood(1902.638)检验值和平均 likelihood(13.1E+01)均比较大,由此初步判定回归结构较好。而残差大小受到自变量数目的影响,本章引入施瓦茨准则(SC)、赤池信息准则(AIC)和汉南—奎因准则(HQC)三种改进统计量。对应的 P 值分别是施瓦茨准则(SC)的 P 值为−24.38165,赤池信息准则(AIC)的 P 值为−25.87936,汉南—奎因准则(HQC)的 P 值−2.58E+01,且均在 1%水平上显著。AIC、SC 和 HQC 的数值均比较小,这表明模型整体回归效果较为显著。

三、回归结果分析

　　通过相应模型实证估计了影响制造业升级技术效率的因素参数,检验表明拟合结果较为合理,为此,将具体的实证结果作出比较和解释。实证结果表明年末从业人数、注册网站数量、专利授权量、人均生产总值、政府税收、进出口总额、外商投资和区位等因素均通过了对技术效率的显著性检验。各因素影响技术效率的具体分析如下：

$\beta_1 = -2.17E-06$，并且在1%水平上显著，这表明年末从业人数对技术效率存在较为显著的负向影响。在其他条件不变的情况下，年末从业人数越多，对于地区制造业升级技术效率提升的抑制作用越严重。实践证明现有劳动者对制造业发展方式是低效率的，只用通过提高劳动者素质，才能使劳动力结构更加符合制造业结构，消除两者之间的结构性偏差。

$\beta_2 = 6.78E-06$，并且在1%水平上显著，表明以注册网站数量衡量的互联网资源对技术效率存在较为显著的正向影响，但其作用较小。这与本章提到的互联网对技术效率存在显著正向影响，但作用较小的结论保持一致。这也进一步表明注册网站数量越多，互联网对制造业升级技术效率影响越显著，其影响作用将有所提升。

$\beta_3 = 1.79E-07$，通过了10%的显著性检验，表明技术研发创新与技术效率之间存在较为显著的正向关系。这表明我国技术研发创新能力越强，制造业升级的技术效率也越高。

$\beta_4 = 2.09E-06$，通过了1%的显著性检验，表明人均生产总值与技术效率存在正向相关性。人均生产总值越高意味着地区消费能力越强，而消费能力强可以提升消费层次，进一步促进产品层次提升，产品层次的提升又体现了制造业技术水平，进而推动技术效率的提升。

$\beta_5 = 7.58E-07$，并且在1%的水平上显著，这表明政府税收对制造业升级技术效率有显著的促进作用。政府通过税收调节，鼓励高效率的高薪技术产业发展，调节控制低效产业的盲目扩张，从而提升制造业的技术效率。

$\beta_6 = 2.12E-07$，并且在1%的水平上显著，这表明对外贸易与技术效率也存在正向相关性。由于我国有大量外贸导向型企业，通过对外贸易引进技术或逆向选择获取技术，提升了制造业的技术水平，对外贸易对制造业技术效率的提升具有促进作用。

$\beta_7 = 4.45E-08$，并且在10%的水平上显著，表明外商直接投资与技术效率存在正向相关性，外商直接投资为东道国地区带来新的技术和管理经验，一定程度上促进了东道国地区制造业技术效率的提升。

$\beta_8 = -1.08E-07$，未通过显著性检验，这表明2008年全球金融危机对制造业升级技术效率提升没有显著的影响。

$\beta_9 = 5.23E-07$，并且在1%的水平上显著，这表明地区区位优势对制造业升级技术效率也有显著的正向影响。

第五节 "互联网+"对制造企业劳动 生产率影响的实证分析

根据前文的理论分析,"互联网+"可以降低交易成本、改造供应链,有助于制造人才培养等,那么"互联网+"的发展对企业劳动生产率到底产生什么影响? 其影响程度是多少? 本节基于文献数据和调查数据,实证检验"互联网+"对制造企业劳动生产率的影响。

一、模 型 构 建

根据前文的理论分析,借鉴 Krugman(1985)技术差距模型的思想和 Fu (2005)等计量模型,通过增加"互联网+"指标,建立"互联网+"对劳动生产率的回归方程模型,公式(6-13)为考察"互联网+"对劳动生产率影响的回归方程:

$$PRD_i = \beta_0 + \beta_1 \ln INT_i + \beta_2 CON_i + \varepsilon_i \qquad (6-13)$$

其中:PRD_i 为因变量,表示企业的劳动生产率;$\ln INT_i$ 表示互联网资源,在该模型中是核心自变量,通过因子分析法对互联网资源进行分析,得到三个主要因子:企业信息化设备投资(ICT),使用自己的网络主页($WEBSITE$),企业业务使用互联网($INTERUSE$);CON 为模型的控制变量,主要包括资本密集度、人力资本、企业规模、企业年龄、企业员工结构、国有控股程度等因素;ε_i 为回归模型的随机误差项。本节通过对该变量取自然对数减少异方差。

二、变量选取和数据来源

(一)变量选取

因变量:取劳动生产率作为因变量。劳动生产率是经济潜在增速的重要变量,能够体现企业投入产出的效率水平。劳动生产率能够对资本、劳动力等资源要素进行定价,既可以决定经济主体中财富分配的总量,又可以决定资源要素在企业和劳动者之间的初次分配,相对于发达国家劳动生产率,我国劳动生产率相对较低,具体计算劳动生产率的公式为 $PRD_i = Y_i / L_i$,其中 Y_i 为产出,L_i 为劳动投入数量。

自变量:取互联网资源为自变量,通过因子分析法主要包括信息化设备投资(ICT),使用自己的网络主页($WEBSITE$),企业业务使用互联网($INTER-USE$),本章将分别以信息化设备投资(ICT),使用自己的网络主页($WEBSITE$),企业业务使用互联网($INTERUSE$)作互联网资源代理变量进行实证分析。

控制变量:控制变量主要包括资本密集度、人力资本、企业规模、企业年龄、企业员工结构、国有控股程度变量等影响因素。

资本密集度(CAP)是影响劳动生产率的重要因素。资本密集度越高的行业所代表的行业技术含量越高,单位产品的劳动力投入相对较少,劳动生产率越高。因此,在影响劳动生产率增长的因素中,需要考虑到资本密集度。资本密集度以固定资产净值与劳动人数之比来表示。

人力资本(EDU)。高素质人力资本对企业生产效率提升具有重要的作用,高素质人力资本在企业生产过程中不仅能够提升产品质量和档次,而且能够减少生产过程中的中间投入品损耗。企业人力资本以企业员工平均受教育年限来表示。

企业规模($SIZE$)。随着企业规模的扩大,企业内部专业化分工更加具体细化,专业化分工让工人对生产流程和操作更加熟悉,进一步提高企业劳动生产率。同时,企业规模达到一定程度后可以产生规模效应,获得规模报酬,促进生产率增长。本章把企业规模作为虚拟变量,中小企业以 $SIZE = 0$ 表示,大型企业以 $SIZE = 1$ 表示。

企业年龄(AGE)。企业发展一般会经历产生期、成长期、成熟期和衰退期等四个阶段,结合产品生命周期理论,企业发展时间越长,企业年龄越大,其资源分配能力越强,相应的创新基础和创新能力比较好。企业年龄以企业成立日期到本研究年份之间的时间间隔来衡量。

企业员工结构($SKILL$)。以企业中技术熟练工人数占企业员工总数的比例来衡量。

国有控股程度($STATE$)。在企业股份中,如果国有持股的比例超过50%,则 $STATE$ 取1,否则取0。

根据各变量的分析,各个变量的具体名称和定义见表6.14。

表 6.14 变量的名称和定义

变量类型	变量名	符号	定义
因变量	劳动生产率	PRD	产出数量与劳动投入数量的比值
自变量	信息化设备投资	ICT	企业信息化设备投资数额
	使用自己的网络主页	$WEBSITE$	企业拥有并使用自己的网络主页取1,否则取0
	业务使用互联网	$INTERUSE$	互联网被用于企业的研发、销售、采购等活动取1,否则取0

续表

变量类型	变量名	符号	定义
控制变量	资本密集度	CAP	固定资产净值与劳动人数之比
	人力资本	EDU	企业员工平均受教育年限
	企业规模	SIZE	中小企业以 SIZE = 0 表示,大型企业以 SIZE = 1 表示
	企业年龄	AGE	企业成立日期到本研究年份之间的时间间隔
	企业员工结构	SKILL	企业中技术熟练工人数占企业员工总数的比例
	国有控股程度	STATE	企业国有持股比例超过 50%,STATE 取 1,否则取 0

(二)数据来源

本章使用微观企业的数据主要来自 2018 年世界银行对中国制造企业进行的调查数据和《中国工业经济统计年鉴》。世界银行采用分层随机抽样调查法,对中国大陆 25 个城市中 11 个制造业行业的 2845 家企业进行调查,样本企业类型包括股份制企业、合伙企业、独资企业等,样本企业具有较好的代表性。调查的内容主要包括企业信息化投资与使用、企业所有制和企业绩效等情况。调查企业信息化投资的内容具体包括企业在生产运营中企业投资计算机与信息化设备情况、企业使用电脑工作员工所占比例、信息化设备使用频率、网络销量等信息。该项调查内容能够用于深入地检验互联网对制造企业生产效率的影响,也是本章实证检验的主要数据来源。由于调查企业历史信息等原因,部分指标追溯 2017 年的信息,本章根据研究目的保留了 2660 家企业相关数据。

三、结果分析与检验

在实证过程中,为了消除可能存在的异方差性和序列相关性,得到较为稳健的结论,本章采用可行的广义矩估计法(GMM)进行面板数据的估计。估计结果见表 6.15。

表 6.15 "互联网+"对劳动生产率影响的回归结果

变量	PRD		
	Model 1	Model 2	Model 3
ICT	0.208 *** (1.485)	—	—
WEBSITE	—	0.175 *** (0.061)	—
INTERUSE	—	—	0.245 ** (0.133)
CAP	0.349 *** (2.604)	0.429 ** (1.363)	0.357 *** (2.835)
EDU	0.171 ** (0.861)	0.102 ** (1.366)	0.181 *** (1.615)
SIZE	0.103 (1.619)	0.123 * (0.907)	0.128 (1.035)
AGE	−0.043 (−0.805)	−0.049 (−0.831)	−0.053 (−0.905)
SKILL	0.001 ** (0.001)	0.003 ** (0.001)	0.002 ** (0.001)
STATE	0.127 (0.183)	0.131 (0.186)	0.136 (0.188)
Constant	1.526 ** (0.248)	1.771 ** (0.261)	1.625 ** (0.251)
OBS	2660	2660	2660
R^2	0.503	0.639	0.626

注：* 、** 、*** 分别表示在10%、5%、1%的水平上显著。

（一）回归结果分析

本章根据模型公式（6-13）进行实证检验，首先，考察互联网能否促使制造企业劳动生产效率的提升，模型中使用的主要解释变量为 ICT、WEBSITE 和 INTERUSE，通过检验 GMM 估计检验，结果见表 6.15。Model 1、Model 2、Model 3 三列均为加入所有控制变量之后的结果，其中，Model 1 列为使用 ICT 作为主要解释变量的检验结果，Model 2 列为使用 WEBSITE 作为主要解释变量的检验结果，Model 3 列为使用 INTERUSE 作为主要解释变量的检验结果。

其次，根据可行的广义最小二乘法（GMM）回归分析的结果，可以看出三个主要解释变量分别对企业劳动生产率影响的关系。

企业信息化设备投资与劳动生产率之间存在显著的正向关系。企业信息化设备投资的影响系数为 0.208,并且显著性水平为 1%,这表明企业信息化设备投资与企业劳动生产率存在显著的正相关关系。企业通过信息化设备的软硬件投资,借助人力资本培训以及职业技能教育培训,能够促使企业劳动生产率的提升。

使用自己的网络主页的影响系数为 0.175,并且在 1%的水平上显著,这表明使用自己的网络主页与劳动生产率之间也存在显著的正向关系。相对于没有使用自己的网络主页的企业而言,制造企业拥有并使用自己的网络主页具有更高的劳动生产率。

业务使用互联网的影响系数为 0.245,并且在 5%的水平上显著,这表明企业在业务上使用互联网与劳动生产率之间存在显著的正相关关系。企业在生产、营销和采购等业务活动上使用互联网,并借助互联网进行技术创新,其生产、营销和采购的劳动生产率更高,产生更高的绩效。与企业信息化设备投资和使用网络主页相比,企业在业务上使用互联网的影响系数更大,其促进作用也较大,这些结果证明"互联网+"有助于提升制造业劳动生产率。

再次,研究其余变量的影响。研究表明在其余变量中,在 Model 1、Model 2、Model 3 三列中均显示,资本密集度与劳动生产率之间存在显著的正向关系,而且作用系数较大,这表明资本强度显著地促进企业劳动生产率的提高。人力资本与劳动生产率之间存在显著的正相关关系,但作用系数相对较小,这表明通过培训等方式加强人力资本投资能够提高企业劳动生产率。研究表明在 Model 1、Model 2、Model 3 三列中,企业规模与劳动生产率之间的相关性不显著,这表明企业规模越大并不意味着劳动生产率就越高,企业规模在一定范围内达到规模经济,当企业规模超过上限,其规模经济效应就会减弱,即企业规模越大,其劳动生产率就越低,这进一步表明企业规模对企业劳动生产率的影响可能存在非线性关系。研究显示企业年龄的系数是负值,且不显著。这表明企业年龄与劳动生产率之间存在负相关关系,但相关性不显著,这意味着随着企业成立时间的增加,企业劳动生产率呈现逐步降低的趋势。研究进一步显示企业员工结构系数是正值,且在5%的显著性水平上显著,表明企业员工结构与劳动生产率之间存在正相关关系,并且相关性显著,这说明企业中生产熟练工人数占比的提高能够提升企业劳动生产率。国有控股程度与劳动生产率之间存在正相关关系,但相关性不显著。

（二）稳健性检验

在世界银行调查数据中，调查按行业和规模进行分组区别。为保证研究结论的可靠性，本章分别按行业和规模对变量的回归结果进行稳健性检验，检验结果分别见表 6.16 和表 6.17。

首先，分行业进行稳健性检验。根据世界银行调查的行业描述与《中国高技术产业统计年鉴》的产业目录进行对照，将样本企业分为高新技术企业与传统产业企业，样本企业对应的行业分为高技术产业和传统产业。

从检验结果表 6.16 可以发现，高技术企业互联网信息化设备投资的回归系数为 0.089，相应 t 值是 2.383，在 10% 的水平上显著，而使用自己的网络主页、业务使用互联网与企业生产率之间的回归系数分别为 0.146 和 0.179，相应的 t 值分别是 3.060 和 3.762，均在 5% 的水平上显著。因此，互联网信息化设备投资、使用自己的网络主页、业务使用互联网对企业劳动生产率均具有显著的促进作用。同样，在对传统产业企业的检验中，可以发现，传统产业企业互联网信息化投资和企业生产率间的回归系数为 0.077，相应 t 值是 2.273，在 10% 的水平上显著，而使用自己的网络主页、业务使用互联网与企业生产率之间的回归系数分别为 0.120 和 0.137，相应的 t 值分别是 2.072 和 2.383，均在 10% 的水平上显著，说明在传统产业企业中，互联网信息化设备投资、使用自己的网络主页、业务使用互联网对企业劳动生产率也具有显著的促进作用，但作用程度较小。

表 6.16 分行业检验互联网对企业劳动生产率影响的实证分析结果

变量	高技术企业			传统产业企业		
	Model 1	Model 2	Model 3	Model 1	Model 2	Model 3
ICT	0.089* (2.383)	—	—	0.077* (2.273)	—	—
WEBSITE	—	0.146** (3.060)	—	—	0.120* (2.072)	—
INTERUSE	—	—	0.179** (3.762)	—	—	0.137* (2.383)
CAP	0.302** (0.812)	0.321** (0.823)	0.335** (0.837)	0.266** (0.637)	0.281** (0.663)	0.297** (0.685)
EDU	0.028 (1.641)	0.023 (1.575)	0.018 (1.516)	0.016 (1.342)	0.015 (1.335)	0.013 (1.237)
SIZE	0.105** (3.152)	0.194** (3.311)	0.211*** (3.335)	0.095* (1.157)	0.068 (1.442)	0.065 (1.406)

续表

变量	高技术企业			传统产业企业		
	Model 1	Model 2	Model 3	Model 1	Model 2	Model 3
AGE	−0.013 (−0.205)	−0.018 (−0.312)	−0.016 (−0.295)	0.011 (0.201)	0.015 (0.285)	0.021 (0.445)
$SKILL$	0.001 (0.001)	0.002 (0.001)	0.001 (0.001)	0.001 (0.001)	0.001 (0.001)	0.001 (0.001)
$STATE$	0.165** (3.143)	0.192** (3.186)	0.177** (3.068)	0.135* (2.893)	0.115* (2.465)	0.114* (2.482)
$Constant$	3.725*** (5.537)	3.842*** (5.676)	3.935*** (5.831)	4.253*** (5.945)	4.247*** (5.921)	4.578*** (6.356)
OBS	1460	1460	1460	1200	1200	1200
R^2	0.403	0.439	0.452	0.325	0.347	0.329

注:*、**、***分别表示在10%、5%、1%的水平上显著。

其次,分企业规模进行检验。将样本企业按企业规模大小分为大规模企业和中小规模企业,根据相关数据进行检验得到结果如表6.17所示。从表6.17可以发现,大规模企业的互联网信息化设备投资的回归系数为0.199,相应t值是3.385,在5%的水平上显著;大规模企业的使用自己的网络主页、业务使用互联网的回归系数分别为0.280和0.148,相应的t值分别是4.745和2.432,并且分别在5%和10%的水平上显著。这些数据表明大规模企业实施"互联网+"对企业劳动生产率具有显著的促进作用。相比较而言,中小规模企业的互联网信息化设备投资的回归系数为0.156,相应t值是3.346,且在1%的水平上显著;而使用自己的网络主页、业务使用互联网的回归系数分别为0.132和0.110,相应的t值分别是2.960和2.423,并且分别在5%和10%的水平上显著。由此可见,中小规模企业与大规模企业一样,在互联网信息化设备投资、使用自己的网络主页和业务使用互联网等方面均对企业劳动生产率提升具有显著的促进作用。

表6.17   分企业规模检验互联网对企业劳动生产率影响的实证分析结果

变量	大规模企业			中小规模企业		
	Model 1	Model 2	Model 3	Model 1	Model 2	Model 3
ICT	0.199** (3.385)	—	—	0.156*** (3.346)	—	—

续表

变量	大规模企业			中小规模企业		
	Model 1	Model 2	Model 3	Model 1	Model 2	Model 3
WEBSITE	—	0.280** (4.745)	—	—	0.132** (2.960)	—
INTERUSE	—	—	0.148* (2.432)	—	—	0.110* (2.423)
CAP	0.379* (0.904)	0.363* (0.887)	0.356* (0.822)	0.351 (0.804)	0.342 (0.736)	0.337 (0.731)
EDU	0.027* (1.662)	0.023* (1.353)	0.021* (1.315)	0.018 (1.262)	0.016 (1.224)	0.015 (1.207)
SIZE	0.106* (1.584)	0.137* (2.317)	0.144* (2.395)	0.102* (1.486)	0.132* (2.916)	0.110* (2.420)
AGE	0.031 (0.503)	0.028 (0.486)	0.036 (0.595)	−0.041 (−0.939)	−0.037 (−0.825)	−0.043 (−0.951)
SKILL	0.001* (0.001)	0.002* (0.001)	0.003* (0.002)	0.001 (0.001)	0.002 (0.001)	0.002 (0.001)
STATE	0.195** (3.353)	0.191** (3.132)	0.177** (3.068)	0.135* (2.903)	0.114* (2.386)	0.109* (2.421)
Constant	3.986** (4.298)	3.765** (4.253)	3.665** (4.125)	3.576** (4.242)	3.495** (4.211)	3.431** (4.207)
OBS	600	600	600	2060	2060	2060
R^2	0.326	0.339	0.308	0.326	0.341	0.303

注:*、**、*** 分别表示在10%、5%、1%的水平上显著。

四、研 究 结 论

本文通过实证检验"互联网+"对企业劳动生产率的影响,研究发现"互联网+"对我国制造企业的劳动生产率具有显著的影响,能够促进企业劳动生产率的提升,并引申出相关政策含义。

(一)推动制造企业加快实施"互联网+"战略

由于"互联网+"对我国制造企业产生显著的正面影响,促进制造业效率提升,因此,加快"互联网+"改造传统制造业,促进"互联网+"与制造业的融合发展。重点是围绕制造业与互联网融合关键环节,特别在平台建设、机制设计、中介服务、技术支持等方面加快制造业与"互联网+"的融合发展,积极改造提升传统产业,培育新业态、新模式,培育新的经济增长点,并协同推进"中国制造2025"和"互联网+"行动。这对加快我国制造业转型升级和制造强国建设具有重要的战略意义。

（二）对于不同产业宜采用不同的"互联网+"策略

稳健性检验的结果表明，"互联网+"对传统产业企业的劳动生产率影响更大。由于互联网对传统产业企业的影响主要体现在生产运营的互联网化和营销渠道的互联网化，传统产业企业应该重视如何利用"互联网+"改造工厂工艺流程，打造"智慧工厂"；提升产品品质和产品附加价值，提高生产效率及其在全球价值链上的地位。对于高技术产业企业，宜积极将互联网信息技术应用于先进制造业，加快集成电路、自动控制、新一代通信技术等领域的发展，形成新业态、新模式，推动工业互联网和高端装备制造业发展，加快集成创新应用、协同合作创新，促进关键技术产业化。

本 章 小 结

本章在田野调查获取大样本、大数据的基础上，通过构建纳入"互联网+"的计量模型，利用2003—2018年我国省级面板数据和世界银行的微观数据，实证检验"互联网+"对我国制造业升级效率的影响效应和网络效应。实证分析过程整体上如图6.2所示，实证结果得到如下结论：

第一，在样本期间，"互联网+"整体上对制造业效率提升具有显著的正向关系，"互联网+"对制造业升级效率提升具有促进作用，但作用程度较小。为探讨互联网对地区制造业效率的作用，本章进一步分析东部、中部和西部地区互联网对地区制造业效率影响的差异性，通过地区差异分析发现，"互联网+"对东部制造业升级效率具有显著的促进作用，并且作用程度较大；而"互联网+"对中部和西部地区制造业效率也具有显著的促进作用，但作用程度较小，这进一步验证了"互联网+"对制造业升级效率具有显著的促进作用。

第二，在样本期间，"互联网+"对我国制造业升级综合效率具有显著的促进作用，作用程度较大；"互联网+"对我国制造业升级的配置效率具有显著的正向影响，在样本期内作用程度较小；"互联网+"对制造业升级技术效率也具有显著的正向影响，但作用程度较小；"互联网+"对我国制造企业劳动生产率具有显著的影响，能够促进企业劳动生产率的提升。

第三，"互联网+"对我国制造业升级效率的促进作用存在显著的网络效应，由于网络效应的存在，互联网促进我国制造业升级效率的作用呈现非线性的特征。以网民人口比例为门槛变量，利用门槛回归模型检验门槛效应,发现互联网对我国制造业升级综合效率的促进作用存在两个门槛值,这两个门槛值分别是网民人口比例为 10.76% 的门槛值和网民人口比例为 40.12% 的门槛值。其中,10.76% 的门槛值是互联网作为新技术初期对我国制造业升级效率作用的门槛值,40.12% 的门槛值是发挥互联网网络效应的临界值,在互联网应用达到临界规模后对制造业升级的促进作用更为明显。

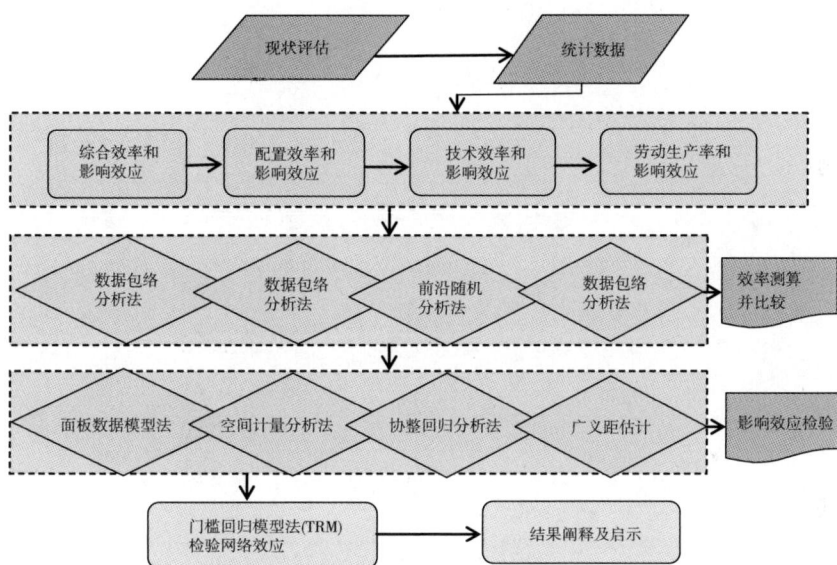

图 6.2 "互联网+"驱动我国制造业升级效率的实证分析图

第 三 篇

路径分析："互联网+"
驱动制造业升级的路径仿真

第七章 "互联网+"驱动我国传统
制造业升级的路径仿真

在实证分析"互联网+"对我国制造业升级效率影响的基础上,本章将研究"互联网+"如何与传统制造业深度融合的有效路径,以促进传统制造业转型升级。"互联网+"对传统制造业进行技术改造和变革,对传统制造业的制造范式和运营方式带来深刻变化,这将促进传统制造向智能制造、定制制造、服务制造和网络协同制造转变,运营方式向数字化商业模式转变。为推进"互联网+"与传统制造业深度融合,本章将通过仿真模拟法模拟"互联网+"与传统制造业的耦合路径,探索"互联网+"改造传统制造业的有效路径。

具体而言,将选取工业生产和工贸流通两个领域进行研究,运用现代仿真法模拟云计算、大数据、物联网、移动支付等"互联网+"的细分模式与工业生产、工贸流通的耦合路径。工业生产领域将重点关注传统制造业如何借力互联网加快数字化改造,推进大数据、云计算、物联网等细分模式与传统制造业有机融合,构建基于消费需求的新型研发生产和组织管理模式,优化生产和服务资源配置,形成以互联网为基础的智能制造、个性化定制、网络化协同研制、服务型制造等新业态、新模式,实现传统制造业转型升级;工贸流通领域将联合阿里巴巴、百度、腾讯等集团获取互联网商务的数据进行大数据分析,通过营销、采购、设计、人力、财务、协同等云化应用和工业电子商务平台建设,优化基于消费需求的网络营销、互联网服务与管理的运营模式,以此提取适合中国传统制造业生产"全球化"、工贸流通"智能化"的最优路径。

第一节 "互联网+"细分模式与工业生产的耦合路径

一、"互联网+"智能制造路径

当前,我国正在推进制造业供给侧结构性改革,在"互联网+"背景下我国应加快制造业智能化、数字化发展,建设工业互联网平台及标准。智能制造是将人工与机器资源、信息与制造技术进行整合,以达到自动化生产、自我诊断和执行的一种高效柔性制造方式,也是"互联网+"推动传统制造业转型升级的具体体现。基于互联网新技术的工业互联网能够驱动智能制造,并赋能传统工业制造企业,工业互联网在传统制造输入与输出、制造业上下游、数据融合等方面推动传统企业适应外部变化、创造新业务机会,从而为传统制造企业转型升级提供现实路径。因此,加快建设工业互联网,重点是发展智能制造,具体以建设智慧车间和智能工厂为发展方向,在制造生产过程中广泛应用云计算、物联网、智能工业机器人、增材制造等技术,推进生产工艺流程改造和基础数据共享,实现生产装备智能化升级,形成并开展智能制造试点示范。加快制造业大数据开发与利用,创新突破核心工业软件、核心工业云平台、智能感知元器件和工控操作系统等核心环节,有效促进制造业智能化转型,构建形成开放创新、协作共享的智能制造业生态系统。

(一)开发一批工业 APP 软件

对于重点制造行业,结合行业实际大力开发一批工业 APP 软件,创新突破核心技术并积极推广应用,推进重点制造行业工艺程序化、流程自动化、技术知识显性化和智能云计算化。在工业互联网中,工业 APP 软件是重要的组成部分,利用工业互联网对制造企业工厂或车间装备进行组线技术处理,通过应用工业 APP 软件,不仅可以有效衔接机器设备,实现车间之间不同设备的协调合作,而且能通过软件分析优化机器设备的指标性能,实现传统企业车间机器的高效运作。与此同时,基于工业 APP 软件,制造企业可以优化传统工艺流程,实现工艺流程创新,进而形成自动化柔性生产流水线,提升生产柔性化程度和生产效率,最终达到高效的生产运作方式,实现整个车间动态运作,形成智慧车间;通过工业互联网连接各类设备和仪器,优化调整不同车间之间的多种生产线,人与机器之间的协作达到最优,机器设备的性能和效率也得到提升,形成智能工厂。在此基础上,不同企业智能化生产均可接受统一管理,通过智能工厂调度,实现异地协同化生产,从而实现不同企业之间以及企业与市场的相互融合,形成新业务模式,通过互联共享带动制造业升级。

(二)建设若干工业互联网平台

加快建设及推广互联网平台,培育若干个特定领域的平台。一方面,利用工业互联网平台驱动特定领域产品智能化。随着工业互联网的发展,工业化和信息化"两化"融合得到深化,更多的工业产品搭载了智能操作系统和全开放式平台,它不仅提供产品功能内容,可以装卸各种软件和升级产品业务,而且提高人机交互能力,用户能够远程操控。以数字化形式把知识注入产品,实现产品制造与数据交互融合。产品通过与软件结合实现智能化,加快产品软件驱动产品硬件的模式。另一方面,工业互联网平台促进制造业数据的信息流动,实现生产制造环节和商业经营流程的智能化,可以有效连接生产、营销、物流等经营环节,减少了企业制造中的冗余环节。同时,工业互联网平台推进制造企业生产与营销方式协同化,通过工业互联网进行全产业链追溯应用和远程诊断管理,可以确保记录数据具有可追溯性;工业互联网平台进一步拓宽线上线下相结合的营销模式渠道,实现企业与客户间的双向、实时沟通,减少了信息不对称;工业互联网平台的一项功能是参与产品全生命周期管理,客户把产品使用问题反馈到企业云平台,相关企业能够快速提供解决方案。

(三)推动建设一批数据测试验证平台

构建基于工业互联网的数据集成测试平台,数据集成测试平台是把设备管理、研发设计、生产制造、监控管理等各类环节全面集成,通过采集分析、优化智能生产和管理,实现数据跨行业流动,促进产业链智能化。在产业链智能化过程中,将用户参与产品设计的具体信息传递给企业,企业根据用户需求进行采购、设计与生产,产品设计和生产得到融合集成,实现产品多元化和差异化。同时,培育跨领域的工业互联网测试验证平台,利用工业互联网构建测试验证云平台,使不同领域产业链企业快速准确地收到其他领域产业链的测试验证信息,缩短获取信息的时间,实现不同领域产业链的整合。因此,工业互联网能够促进传统企业智能化转型,集聚高端产业链,形成制造企业智能化发展新生态。

二、"互联网+"个性化制造路径

为适应市场需求,制造企业开展多样化、个性化制造生产方式,进行个性化定制,更好地满足用户的需求。个性化定制一方面包括由大众发起,借助互联网平台参与企业新产品研制的众创定制;另一方面包括企业通过互联网平台与用户一对一地交流产品设计元素,利用柔性生产线定制生产的深度定制。个性化定制是以用户为中心的按需生产,能够有效满足市场多样化需求,实现零库存。

(一)发展规模化个性化定制

制造企业利用互联网与客户交流,了解不同客户的个性化需求,采集客户需求信息;客户提出自己个性化需求的同时预订下单。制造企业在客户预订下单后,开始在设计柔性允许范围内对客户进行量身定制,开始组织生产过程,并且企业在生产制造过程中随时与顾客沟通。同时,企业积极推进设计研发网络化,推动生产制造和供应链管理等关键环节信息化,柔性改造工艺设备,创新基于个性化产品的服务模式,实现个性化定制。依靠工业互联网,制造企业根据客户个性化产品需求,通过对生产模块的精细化切割以及再组合,在互联网信息控制下形成新的制造工艺流程,实现大规模生产与个性化定制的融合。在大规模个性化定制生产过程中,制造企业和互联网企业相互配合和相互协调,互联网企业利用大数据等信息优势整合市场信息,挖掘并细分市场需求,分析制造行业发展趋势,为制造企业开展个性化定制提供决策与支撑。制造企业通过互联网规模化定制可以较大地降低生产成本和组织成本,较好地解决了生产过程中个性化需求和大规模集中生产的矛盾。

(二)发展个性化商业新模式

在互联网技术的帮助下,制造企业个性化定制呈现出"网络化制造""自我组织适应性强的物流"和互联网销售等特征,这要求制造企业在大规模个性化定制的过程中,不仅对关键设备进行柔性化改造,还开展基于个性化需求的商业模式创新。生产加工柔性化改造主要通过重新编程和组合,实现批量生产线上同一产品的不同型号相互转换、同一产品的不同面料相互转换、同一产品的不同款式相互转换,真正实现流水线上的不同元素灵活搭配、不同规格灵活搭配、不同数据灵活搭配以及元素、规格和数据的混合搭配,以流水线生产模式制造个性化产品,并通过信息化商业服务平台提供的个性化数据,实现销售服务模式创新。基于个性化需求的商业模式创新,主要提供定制个人专属 APP 的个性化增值服务,提供软件、硬件、配件、外观、售后等全方位的定制服务;打造信息化商业服务平台,通过互联网信息化商业平台统率工业流水线和后台供应链,使整个生产、销售、服务连接在一起,满足客户个性化需求。

(三)加强工业智能终端设备的应用

工业互联网是工业智能终端设备应用的平台基础,通过将数据、机器与人三者融合,实现用户深度参与并且与企业无缝对接。借助工业互联网,改造工业终端设备网络化水平,提升生产系统智能化水平,实现工业终端设备智能化,形成工业智能终端设备的价值空间。随着企业信息化水平不断提升和智能终端设备的普及,数据驱动生产的要求逐步得到实现,广泛应用数据驱动的工业智能终端设备逐步成为新的生产模式,应用工业智能终端设备为客户个性化定制和企业数字化制造提供了设施保证。在工业互联网条件下,工业智能终端设备生产效率得到大幅度提升,制造企业可以根据客户个性化定制需求,进行柔性设计、生产制造,满足客户个性化需求。

三、"互联网+"网络化协同研制路径

网络化协同研制是基于互联网分布式协同环境下,企业开展众包设计研发、网络化制造和公共云制造平台服务等模式创新以及并行协同研发和制造的过程。网络化协同研制的关键是在研发制造过程中充分发挥互联网优化资源配置的作用,通过变革企业研发模式和生产方式,带动企业提升研发生产效率。其模式主要是借助互联网络或工业云平台,在企业之间发展的协同研发模式和众包设计等新模式。主要功能是可以有效降低研发设计的成本、大幅延伸研发制造资源的利用范围,细化制造业价值链,提高产业整体竞争力。对于制造业价值链延伸和细化的范围而言,纵向可延至研发设计、生产制造、营销推广和售后服务等价值环节,横向可延至整合原材料采购、物流、支付和信息安全等环节,通过整合价值链上各类主体和资源,形成基于产业互联网的全球价值链制造业协同网络。目前,在我国电子、纺织、设备制造等典型行业中,发展网络化协同研制的侧重点有所不同,但基于开放平台的协同创新是行业网络化协同研制的共同特征。就侧重点而言,纺织行业侧重于推动面向客户需求的协同设计与制造;交通设备制造行业侧重于推动异地多研发主体间的在线协同研发。

(一)大力建设网络开放平台

建设网络开放平台是离散制造企业开展网络化协同研制的重中之重。由于网络化协同研制需要基于互联网的分布式协同环境支持,网络开放平台为网络化协同研发、协同生产提供了基础设施支撑。开放的协同研发平台是根据各类企业研发需求的特点,通过整合各类工业研发软件,形成网络化分布式的协同研发环境,有效支撑企业开展跨企业乃至全球化的合作及协同。开展网络开发平台建设,需要提升各工业软件之间的衔接性,推动不同工序环节研发生产数据标准化,推动不同企业间的研发生产数据标准化,基于开放平台促进不同企业间的协同研发生产。同时,加快组织变革,建立高效的平台协同合作机制。实现网络化协同研制的困难之处是构建平台协同合作机制,形成以用户为中心的价值网络,该网络具有组织虚拟化功能单元、弹性的组织形式和分散的组织要素,通过整合不同企业和组织的力量,形成新的分工协作方式;优化资源配置,围绕为用户创造价值打造柔性新型能力,形成高效的网络化协同研制,构建开放协同的研制生产合作关系。

(二)提升网络化协同制造水平

为进一步提升互联网与制造业的融合创新能力和网络化协同制造水

平,以龙头企业为主体,建设跨界交叉领域的创新平台,构建以龙头企业为主导的"互联网+"协同制造创新网络以及产学研用合作的"互联网+"技术创新联盟,加强制造业产业链协同。加大国家重大科研基础设施网络化开放力度,通过资源整合与共享,打造一批网络化协同制造创新公共服务平台。加快各类网络化协同制造公共服务平台向中小企业在线开放,面向细分行业提供云制造服务,促进创新资源和市场需求集聚、生产能力和市场需求对接;面向制造骨干企业提供网络化制造协同服务,骨干企业通过互联网与产业链各环节紧密协同,促进生产制造和运营管理系统全面互联;面向中小微企业提供网络化研发设计服务,形成众包设计研发和网络化制造等新模式,实现全社会多元化制造资源的有效协同,形成制造业网络化产业生态体系,提高网络化协同制造水平。

（三）完善"互联网+"协同制造融合标准体系

一方面,按照急用先行的原则,研制工业互联网领域的关键技术标准;按照共性先立的原则,推广工业互联网领域的基础共性标准。加快完善互联网与制造业融合细分领域的技术标准化工作,特别是工业控制系统、智能装备、智能家居、智能仪表和车联网等领域的技术标准化工作。不断完善"互联网+"协同制造融合标准体系,推进基于互联网的国家标准化工作,与此同时,推进基于互联网的国际标准化工作,增强我国在国际标准化组织中的话语权。另一方面,加快行业标准协同与集成应用。随着工业互联网市场竞争的日益激烈,各类制造行业标准呈现出网络协同效应,保证工业数据标准化和规范化,实现网络数据流转尤为重要。与此同时,企业间对于技术标准的争夺也日益激烈,由于跨国企业已形成了自己的标准和规范,随着各类企业并购的发展,以及市场对技术标准集成需求的提高,国内工业通过产业链上企业协同合作,研制出高质量的企业标准,提高产品质量和产业竞争力。

四、"互联网+"服务型制造路径

随着企业边界的模糊化和制造业服务化的发展,产业互联和跨界融合为制造业服务化发展带来机遇,传统制造业价值链有效攀升的路径是制造业向服务领域延伸。传统制造企业在产品中通过增添智能模块实现产品联网,该产品利用大数据为用户提供个性化、多样化智能服务。

（一）构建服务型制造实施体系

构建服务型制造实施体系是实施服务型制造的首要路径和保证。服务型制造实施体系的核心是根据顾客对"产品+服务"的成套化和专业化的迫切需求,企业整合现有资源实施"售前服务—研发设计—产品制造—售后服务—个性化服务""一条龙"服务。企业在整个服务过程中向顾客提供全程化服务,满足顾客个性化需求、实现产品的使用价值,使顾客价值最大化,因此,实施服务型制造的前提是构建完整的服务型制造体系。

(二)强化工业研发设计业务

首先,企业增强工业研发与设计的力量,通过建立研发与设计团队、企业间协作研发、客户和供应商参与研发等途径,强化工业研发与设计力量,并利用互联网技术提高智能制造的设计水平。其次,加大企业研发投入力度,面向客户需求和产品服务系统开展研发与工业设计,提高企业研发投入水平,进而提升产品附加值和企业核心竞争能力,积极引进或自主开发先进技术,引领行业发展,通过研发设计形式的服务型制造实现传统产业转型升级。

(三)加强产品智能嵌入服务

制造企业加快实施产品的"两化"融合,在生产过程中通过引进或开发具有服务功能的智能化软件,将智能化软件嵌入产品中,使得产品具有特殊服务功能。借助软件和网络技术的在线支持,企业向用户提供产品,同时向用户提供信息服务和数字化增值服务,进而提升企业盈利能力和竞争优势。通过向用户提供增值服务提高用户对产品的依赖度,以锁定用户并销售具有服务功能的产品。

(四)形成生产决策服务信息

利用物联网、云计算、大数据等互联网技术,制造企业根据产品全生命周期,整合生产全过程的数据,形成生产决策服务信息;面向生产组织全过程,服务信息为产品优化提供数据支撑,也为制造企业升级提供决策依据。在此基础上,企业基于互联网实施质量诊断、故障预警、远程维护和远程优化等在线增值服务,较大地拓展了产品价值空间,逐步实现由制造向服务型制造转型升级。

(五)发展第三方服务外包

服务外包是企业利用服务型制造的特点,将研发设计、生产制造、物流销售、电子商务运营、产品全生命周期管理和合同管理、环境保护、产品回收与利用等不具有比较优势的环节外包给专业化的制造企业或生产性服务企业的过程。服务外包主要包括商业流程外包(BPO)、知识流程外包(KPO)和信息技术外包(ITO)。一般企业在生产过程中专注于具有比较优势的核心生产环节或柔性生产环节,而将不具有优势的生产环节或服务环节外包给具有优势的第三方,这样可以整合优势资源、降低成本,提高核心竞争能力。企业自身通过服务外包可以集中资源优势掌控核心技术或生产工艺，持续进行技术创新和升级，保持核心竞争能力，进一步锁定用户和市场。

（六）重构以服务为核心的制造价值链

在业务流程外包的背景下，传统制造企业根据实际情况，把具有低附加值的制造业务流程外包给具有比较优势的第三方，而企业自身集中优势做价值链高端的环节，拓展具有高附加值的产品服务系统，强化产品服务系统的创新和定价管理。传统制造企业通过解构制造价值链，创新具有高附加值的产品服务系统，然后重构以服务为核心的制造价值链。传统制造企业通过价值链重构，从以制造环节为主逐步转向以高价值服务为主，实现产品和服务"捆绑销售"，既满足消费者需求又获取高价值链环节的利润，形成由制造企业、生产型服务企业和客户构成的服务型制造的动态网络体系，实现向制造业服务化转型，从而实现制造业转型升级。

五、"互联网+"驱动传统制造业升级的综合路径

就不同制造行业而言，"互联网+"传统制造业升级的路径有所差异，应根据行业实际情况实施最有效的制造业升级路径。对于传统制造业而言，传统制造业由于生产技术水平相对比较低，生产设备比较简单，通过互联网技术优化其生产工艺流程，在传统制造企业内部逐步建立信息化、智能化生产体系，逐步实现智能制造，从而提高生产效率，这种渐进式融合路径比较适用于传统制造业。与传统制造行业不同，高技术制造行业包括计算机、通信和其他电子设备制造等行业，本身信息化程度比较高，工业化与信息化的契合程度较高，在智能化转型升级过程中，产业内升级可以采用不连续的跨越式升级路径，并且产业内升级与产业间升级可以实施交叉，通过信息化带动制造行业发展，制造行业发展又促进信息化发展，共同实现智能化转型升级，因此智能制造行业更适合跨越式的融合路径。

第二节　"互联网+"细分模式与 工贸流通的耦合路径

在互联网驱动下制造业工业贸易流通逐渐呈现新的商业模式。在新产品设计过程中，企业通过互联网让用户全面参与产品设计与加工过程，研发出更加人性化的产品，形成个性化、多样化研发制造模式。在产品销售过程中，大数据分析为企业销售产品提供决策，企业可以根据用户情况，细分市场，实施线上线下相结合的销售模式，随时随地满足用户需求。在采购过程

中,企业通过互联网实施经济订购批量或大批量采购,降低成本和库存,实现规模经济。新商业模式下消费者处于主导地位,企业借助于互联网把消费者个性化偏好和用户诉求融入产品中,这为生产制造的优化提供了大量信息,增大产品个性化和差异化程度,这也要求企业提供高质量的个性化、差异化产品。个性化、差异化产品通过互联网进入流通环节,产品信息被快速传递给更多潜在用户,产生示范效应和粉丝效应。

一、制造企业设计采购虚拟化路径

在微笑曲线中,产品设计和销售环节处于价值链的两端,而生产环节处于价值链的低端,产品设计和销售环节比生产环节具有更高的附加值。在互联网技术的支持下,制造企业依据用户对产品设计的参与和反馈,将设计好的产品自己加工或外包给专业生产企业加工。设计虚拟化首先是产品设计具有先进性,而先进的产品设计需要消费者参与支持,消费者参与的产品设计具有持续的竞争力,可以确保产品在市场上的竞争能力和持续的订单保障。设计虚拟化还在于产品的品牌效应,设计良好的产品与品牌能够通过互联网快速吸引消费者关注,并带来大量的粉丝,产生粉丝经济。在生产设计虚拟化的过程中,企业不需要自行采购原材料,而是由专业代理加工企业依据其接收的订单情况组织生产,产品生产成本不断降低。在销售虚拟化环节中,由于虚拟化的销售是通过互联网预订模式,相对于传统销售渠道,产品销售与营销成本等费用几乎不存在,其渠道营销成本也大大降低。

二、线上线下全渠道营销路径

随着移动互联网的推进发展,"互联网+移动互联"驱动营销服务模式的变革。手机等移动终端设备快速普及,消费者可通过移动终端设备购买产品,企业通过互联网店销售产品。电子商务(跨境电商)从消费领域迅速向制造行业领域拓展,电子商务平台增强了市场的公开性与透明性,而且为企业营销服务带来新的活力。企业通过电子商务平台销售产品或采购,销售成本大幅度下降。工业 APP 开始渗入传统制造业的采购环节,移动社交营销开始渗入传统制造业的营销环节、O2O 开始渗入传统制造业的交付环节、全媒体等互联网服务开始渗入传统制造业的服务等环节,制造企业产品销售由线下推广模式转向线上线下全渠道营销模式。制造企业利用产业互联网平台,贯通虚实供求市场,实现零库存模式,不仅降低采购、营销等环节对资金的占用,而且可以拓展制造环节的利润分配份额。

三、行业应用新平台开发路径

随着互联网的发展,互联网企业不断推出新的行业互联网电商平台。部分行业互联网电商平台提供大量商品供给信息,部分行业互联网电商平台提供大量商品需求信息,也有部分行业互联网电商平台作为供求平台,既提供大量商品需求信息,又提供大量商品供给信息,汇集供应链资源。在这些行业互联网电商平台上,企业可以低成本采购到原材料,也可以销售多种商品,用户可以购买到多样化、个性化产品。比较典型的电商平台如阿里巴巴推出的淘宝平台、产业带平台等,聚合多样化产品和特色产业资源;部分专业电商平台开发应用程序商店,针对不同领域为不同客户提供不同的解决方案。利用互联网可以建立物流立体生态的供应链平台,其特点是供应链从单独一条链向多条链整合并延伸出平台,形成多个平台整合成立体状的经济模式。其中,互联网物流企业将基层的末端配送运营、干线整合、全国仓储、金融服务、信息平台建设、大数据战略延伸到制造代工等,这一系列组合形成物流立体生态经济模式,最终成为最大的供应链链主平台,掌控整个商业生态。

第三节 "互联网+"与传统制造业 耦合路径的仿真模拟

"互联网+"驱动传统制造业升级是一个相对复杂的系统过程,"互联网+"驱动传统制造业转型升级过程中,除了受到互联网资源影响外,还会受到其他因素的影响。本章通过系统动力学仿真模拟法,分析"互联网+"如何影响传统制造业升级以及"互联网+"与传统制造业如何耦合等。

一、"互联网+"驱动传统制造业升级的系统动力学分析

（一）模型构建分析

在要素驱动传统制造业升级的过程中,各个创新要素之间存在相互合作、相互促进和相互制约,其特点主要表现为主动性、协同性和系统性。通过"互联网+"创新与传统制造业逐步融合,形成传统制造业升级的路径。本章依据系统动力学建模的思路,建立相应的系统结构模型,通过系统动力学仿真模拟融合路径,提出"互联网+"与传统制造业融合发展的路径系统（见图7.1）。

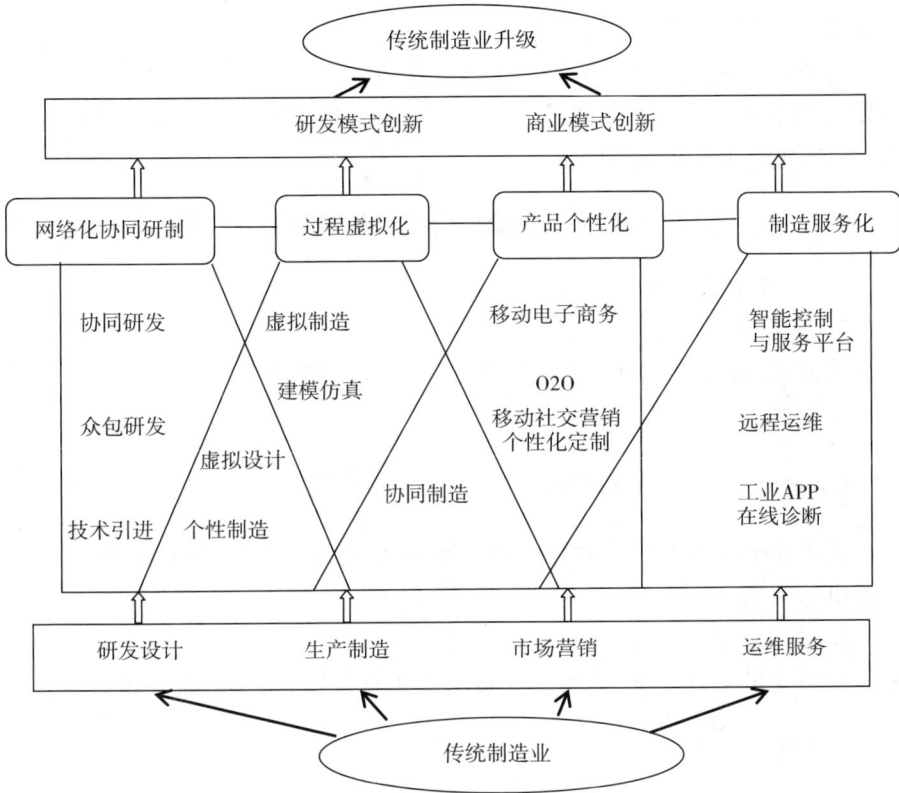

图 7.1 "互联网+"与传统制造业融合发展的路径系统模型

（二）模型构建的路径分析

基于上述模型的系统分析,传统制造业转型升级主要从研发设计和商业应用两个方面进行实施。同时,围绕研发设计和商业应用构建"互联网+"与传统制造业升级的融合路径,本章选取新产品销售收入、专利申请量和传统产业企业新增收入三个变量来表征传统制造业创新与升级情况。

结合模型,"互联网+"与传统制造业融合主要包含以下路径:

传统制造企业收入→+国内生产总值(GDP)→+政府研发投入→+企业研发支出→+众包研发经费→+协同研发经费→+研发经费总数→+专利申请量→+企业卖出专利的金额→+传统产业企业新增收入。

传统制造企业收入→+国内生产总值(GDP)→+政府研发投入→+企业研发支出→+企业虚拟设计经费→+研发经费总数→+专利申请量→+新产品开发项目数→+新产品销售收入→+传统产业企业新增收入。

传统制造企业收入→+企业科技经费支出→+企业个性化研发支出→+

研发经费总数→+专利申请量→+专利技术交易金额→+移动营销和移动电商经费→+传统产业企业新增收入。

传统制造企业收入→+企业科技经费支出→+企业 APP 研发支出→+研发经费总数→+专利申请量→+专利技术交易金额→+企业服务外包金额→+传统产业企业新增收入。

二、"互联网+"驱动传统产业升级的仿真模型

（一）模型变量介绍

1. 状态变量

其值是经过累加形成，在某时刻由初始值与速率变量计算得出。其公式表示为：

$$Level(t) = L(t_0) + \int_{t_0}^{t} [inflow(t) - outflow(t)] \, \mathrm{d}t \qquad (7-1)$$

其中，$Level(t)$ 表示某时存量值，$inflow(t)$ 表示流入速率值，$outflow(t)$ 表示流出速率值。

2. 速率变量

速率变量为自变量，对状态变量的变化有直接的影响，其公式表示为：

$$Rate(t) = \frac{\mathrm{d}}{\mathrm{d}t} Level(t) \qquad (7-2)$$

3. 辅助变量

其值是由其他变量的数值计算得出，受其他变量影响，其公式表示为：

$$Rate(t) = \mathrm{f}[Level(t), Aux(t), Data, Const] \qquad (7-3)$$

其中，$Level(t)$ 表示状态变量，$Rate(t)$ 表示变量变化速率，$Data$ 表示变量初始值，$Const$ 为常数。

（二）模型主要变量及说明

1. 变量内容

模型变量内容主要根据"互联网+"驱动传统制造业升级的路径模型决定的，本章选取新产品销售收入、专利申请量和传统产业企业新增收入三个变量作为输出变量，用于表征传统制造业创新升级情况。

2. 变量属性

状态变量：指标变量值是经过长期积累而成，本章将新产品销售收入、专利申请量和传统产业企业新增收入三个变量作为状态变量。

速率变量：模型中分别设置企业研发支出、企业引进技术经费、新产品开发经费、政府研发投入四个变量作为速率变量。

辅助变量:其余辅助变量主要包括协同研发经费、国内生产总值(GDP)、众包研发经费、服务外包金额、产业规模、移动电商等因素。

3. 变量关系的建立

根据"互联网+"驱动传统产业升级影响要素之间互为因果的关系,分析确立模型变量间定性关系。本章以全国规模以上传统工业企业的统计数据为基础,运用 SPSS 软件,分析变量间的具体函数关系并得到相应结果。

4. 选取数据与拟定行业

本章采用 VENSIM 模型法仿真模拟,仿真模拟采用的相关数据主要来源于《中国统计年鉴》《中国科技统计年鉴》等,数据的时间跨度为 2003—2018 年。

根据传统制造业内涵和《中国统计年鉴》中制造业的行业分类,本章传统制造业主要包括石油和天然气开采业、煤炭开采业、黑色金属矿采业、有色金属矿采业、非金属矿采业、农副食品加工业、食品制造业、酒饮料和精制茶制造业、烟草制品业、纺织业、纺织服装服饰业、皮革皮毛羽毛及其制品和制鞋业、木材加工和木竹草制品业、家具制造业、造纸及纸制品业、印刷和记录媒介复制业、文教工美体育和娱乐用品制造业、石油加工炼焦及核燃料加工业、化学原料及化学制品制造业、化学纤维制造业、橡胶和塑料制品业、非金属矿物制品业、黑色金属冶炼和压延加工业、有色金属冶炼和压延加工业、金属制品业和通用设备制造业、专用设备制造业。

(三)检验模型的有效性

根据系统动力学的原理,比较仿真数值与实际数值之间的差异是检验模型是否符合实际的最有效途径。本章主要通过对比模拟数据与真实数据的差异,并计算相关系数检验变量模拟值与真实值的拟合度。运用 SPSS 软件,分析变量间的具体函数关系如下:

(1)初始时间=2003,表示 2003 年为仿真模拟的初始年份;

(2)最终时间=2018,表示 2018 年为仿真模拟的最终年份;

(3)新产品销售收入=INTEG(新产品销售收入年增加值,5689);

(4)新产品销售收入年增加值=0.096 × 新产品开发项目数−1298;

(5)传统产业企业收入=57.25 × 企业卖出专利金额+3.15 × 新产品销售收入;

(6)企业科技经费支出=金融机构经费投入+传统企业科技经费投入;

(7)企业研发支出=企业科技经费支出+政府研发投入+245;

(8)众包研发经费=0.0011 × 企业研发支出;

(9)协同研发经费=0.0012 × 企业研发支出;

（10）企业虚拟设计经费=0.0015×企业研发支出；

（11）企业个性化研发经费=0.031×企业研发支出；

（12）企业 APP 研发经费=0.016×企业研发支出；

（13）移动营销和移动电商经费=0.028×企业信息化设备投资经费；

（14）专利申请量=INTEG（发明专利申请量年增加值，23509）；

（15）发明专利申请量年增加值=12.96×企业研发支出-16675；

（16）专利技术交易金额=INTEG（1568+0.001×专利申请量，646）；

（17）企业引进技术经费=引进专利技术交易金额-74.35；

（18）新产品开发项目数=14.23×企业引进技术经费+21.39×企业新产品开发经费+43126；

（19）企业新产品开发经费=企业科技经费支出-252；

（20）国内生产总值（GDP）=0.75×企业收入+55396；

（21）政府研发投入=政府财政科技研发经费+276.38。

将通过仿真模拟得到的数据与真实数据比较，见表7.1。

表 7.1　真实数据与仿真数据对比表

年份	新产品销售收入（亿元）			专利申请量（件）		
	真实数据	模拟数据	误差率（%）	真实数据	模拟数据	误差率（%）
2003	5537	5689	2.76	23112	23509	1.72
2004	6852	6983	1.92	31292	31717	1.36
2005	8569	8710	1.65	38448	37775	-1.75
2006	10825	11064	2.21	44708	44296	-0.92
2007	18562	18196	-1.97	61459	62430	1.58
2008	23269	23071	-0.85	53496	52757	-1.38
2009	25033	25173	0.56	75247	76789	2.05
2010	31122	31517	1.27	89105	90111	1.13
2011	47496	48341	1.78	192469	190890	-0.82
2012	55962	57612	2.95	269891	273210	1.23
2013	65503	66610	1.69	299796	307200	2.47
2014	70044	71711	2.38	347072	357761	3.08
2015	71528	72973	2.02	341880	350392	2.49
2016	80871	82658	2.21	367981	375083	1.93
2017	87499	89213	1.96	407646	414535	1.69
2018	91990	93903	2.08	487483	497086	1.97

运用拟合度方程:

$$R^2 = 1 - \frac{\sum_{i=1}^{n} (Y_i - \hat{Y}_i)^2}{\sum_{i=1}^{n} (Y_i - \bar{Y}_i)^2} \qquad (7-4)$$

其中 Y_i 表示真实值,$\hat{Y}_i$ 表示模拟值,$\bar{Y}_i$ 表示平均值。从表 7.1 仿真结果可知,新产品销售收入真实值与模拟值的误差值相对合理,专利申请量真实值与模拟值的误差值也相对合理,表明系统动力学模型对"互联网+"与传统制造业升级耦合路径的模拟有效,可以进行模拟仿真。对于拟合度而言,新产品销售收入真实值与模拟值拟合度 $R^2 = 0.9778$,专利申请量真实值与模拟值拟合度 $R^2 = 0.9452$。由于新产品销售收入真实值与模拟值拟合度以及专利申请量真实值与模拟值拟合度均在 0.9 以上,因此,此仿真模型可以反映"互联网+"驱动传统制造业升级的实际运行情况。进一步地,运用此模型可以深入仿真研究"互联网+"驱动传统制造业升级的动态演化情况。

三、结论分析与政策建议

(一)结论分析

通过"互联网+"对传统制造业升级影响的动力学分析与仿真模拟,得到以下结论:通过仿真模拟发现,随着企业研发支出的增加,传统制造企业虚拟化设计和企业个性化研发水平不断提升,传统制造业众包研发程度不断提高,新产品开发数量相应增加,新产品的销售收入呈现出增加的态势。然后,对于传统制造企业而言,企业研发支出和政府研发投入有较大差异,尽管增加企业研发支出和政府研发投入,相应的专利申请量都有所增加,但增加企业研发支出的专利申请量增幅比较明显,增加政府对企业研发投入的专利申请量增幅相对不显著。

(二)政策建议

"互联网+"驱动传统制造业升级的过程是各个要素之间动态关联和反馈作用的过程,各个创新要素对传统制造业升级影响也较为复杂,"互联网+"驱动传统制造业升级中存在若干升级路径,各条升级路径之间存在一定的内在联系。通过仿真模拟发现,在传统制造业的研发创新模式中,增加对新产品开发经费的投入,可有效地促进传统制造业发展;而增加对技术引进的投入不能有效提高企业收入。因此,引进先进技术不再是我国传统制造业发展的主要路径,应该增加自主研发和协同研发投入,增加新产品开发经费投入,更有效地促进传统制造业升级。通过仿真模拟进一步发现,由于传统制造业研发主体是企业,传统制造业升级需要增加企业内部的研发投入,而政府影响企业研发效率并不显著,因此,政府和企业应该根据实际情况调整战略,促使传统制造业转型升级。

本 章 小 结

"互联网+"驱动传统制造业升级是一个相对复杂的系统过程,本章通过系统动力学仿真模拟"互联网+"与传统制造业的耦合路径,探索"互联网+"改造传统制造业的有效路径。具体选取工业生产和工贸流通两个领域进行研究,先分析云计算、大数据、物联网、移动支付等"互联网+"的细分模式与工业生产的耦合路径,提出"互联网+"智能制造路径、"互联网+"个性化制造路径、"互联网+"网络化协同研制路径、"互联网+"服务型制造路径;再分析"互联网+"细分模式与工贸流通的耦合路径,提出设计采购虚拟化路径、线上线下全渠道营销路径和行业应用新平台开发路径。在此基础上,运用系统动力学分析法和现代模型仿真法模拟"互联网+"的细分模式与工业生产、工贸流通的耦合路径。通过仿真模拟发现,"互联网+"促进传统制造业升级,随着企业研发经费的增加,传统制造企业虚拟化设计和个性化研发水平不断提升,传统制造业新产品开发数量相应增加,新产品销售收入呈现出增加的态势。对于传统制造企业的研发投入和政府对企业研发投入,企业研发投入增加所致的专利申请量增幅比较明显,政府对企业研发投入增加的专利申请量增幅相对不显著;对于不同的制造行业而言,"互联网+"驱动传统制造业升级的路径有所差异,可以根据行业实际情况实施最有效的制造业升级路径。

第八章 "互联网+"驱动我国先进制造业升级的路径仿真

在研究"互联网+"驱动传统制造业升级路径的基础上，本章将进一步研究"互联网+"驱动先进制造业升级的路径，重点研究先进制造业如何借力"互联网+"培育成为我国战略性主导产业，实现"智能"制造和绿色生产。具体而言，将研究"互联网+"如何与先进制造业"双创"平台融合的有效路径，阐明如何开展工业互联网平台建设推广工程、提升工业互联网平台运营能力、推动企业"上云上平台"等；研究先进制造业如何通过"互联网+"实现关键技术产业化的耦合路径，分析如何构建工业互联网标准体系、加大关键共性技术攻关力度、开展关键技术产业化工程；研究先进制造业如何通过"互联网+"实现集成创新及其广泛应用的耦合路径，阐述如何提升产品解决方案供给能力、提升企业数据集成应用水平、开展集成创新应用示范；研究先进制造业如何通过"互联网+"实现协同合作创新的耦合路径，剖析如何实施设计协同、实施供应链协同、实施生产协同和实施服务协同等。在此基础上，模拟"互联网+"驱动我国先进制造业升级的耦合路径，从而提取先进制造业升级的最优路径，形成智能化发展的新模式和新业态，这对深化供给侧结构性改革，推进"互联网+先进制造业"深度融合发展具有重要意义。

第一节 "互联网+"与工业平台的耦合路径

一、工业互联网平台体系建设路径

对于工业互联网平台体系建设，应结合供给侧和需求侧，通过建设不同类别的平台，形成多层次、系统化的平台发展体系。建设和推广工业互联网平台应从以下三个方面进行：一是建设跨行业、跨领域的工业互联网平台。积极发挥我国在大数据、云计算等关键技术领域的优势，建设跨行业的工业互联网平台和建设跨领域的工业互联网平台，重点实施工业互联网平台建设的基础设施升级工程，拓展工业数据流转、业务资源管理和产业运行监测等服务。二是依托工业互联网平台建成服务"大众创业、万众创新"的多层次公共平台,重点由行业龙头企业牵头建立企业级平台,建设一批推进企业智能化转型的企业级平台,为企业智能化转型提供解决平台路径。三是开拓工业互联网平台测试验证功能。主要由行业协会或产业联盟牵头,企业和科研机构共同合作参与,建设工业互联网测试验证平台,就行业技术标准组织开展相关的测试验证与评估工作。

二、工业互联网平台运营能力提升路径

建立工业互联网平台后,要逐步完善工业互联网平台的各项功能,加强工业互联网平台的数据开发集成功能,包括数据开发工具、数据微服务、数据建模分析等功能,发挥工业互联网平台强大的数据集成能力;完善工业互联网平台数据资源管理的功能,包括数据资源管理、数据平台管理、生产运营数据管理、新产品设计数据管理等;完善工业互联网制造资源管理的功能,包括企业生产能力管理、企业生产运营管理、企业软件资源管理、企业知识模型管理。增强工业互联网平台集聚资源的能力,针对不同行业开发低成本的应用模块,对接不同行业并能够快速部署实施,为不同行业开展各类应用服务提供公共性的工业互联网平台,促进制造业行业转型升级。

三、工业企业"上云上平台"路径

支持行业企业上云上平台,企业可以根据所属行业的实际情况,积极把核心的业务系统上云上平台,按照实际需要支付费用后使用工业互联网平台基础设施和业务系统。这不仅提高企业信息化水平,而且可以快速便捷地开展各项业务,也降低了信息化建设费用。首先,推动企业核心业务上云。企业在经营过程中主要涉及技术研发、产品制造加工、市场销售和采购管理等核心业务,把这些核心业务上云,利用工业互联网的特点功能,可以低成本部署、低成本运营管理,可以解决企业生产经营效率和产品质量等问题。其次,推动企业核心业务上平台。通过工业互联网平台,可以把各类业务及其数据有机集成,实现企业内外连接互通,协同高效,解决企业内部"信息孤岛"问题。再次,推动企业的设备和产品上云上平台,这样可以实现设备互联、人与机器互动,真正实现生产资源优化配置。加强政策创新,以优惠政策推动行业企业上云上平台,形成建平台和用平台双向迭代、互促共进的制造业新业态。

第二节 "互联网+"与关键技术的耦合路径

一、工业互联网标准体系构建路径

首先,围绕工业互联网标准化需求,研制工业互联网标准,建设互联网标准体系。成立专家组,统筹推进工业互联网标准体系建设,积极组织工业互联网相关专家研究制定工业互联网标准,围绕总体性标准、基础共性标准、应用标准和安全标准,制定形成工业互联网标准体系。围绕标准体系,逐项分解并进行分工落实各项标准的制定和实施工作。比如制定总体性标准,应从通用需求、体系架构等方面进行分解和落实;制定基础共性标准,应从互联接口、标识解析等方面进行分解和落实。其次,针对我国重点制造行业领域开发行业应用标准,如特定行业的技术标准,制定相关技术标准的管理规定和规范措施,积极组织人员开展各类标准的试验验证工作,完善各类标准的试验验证内容,完善试验验证的政策环境。

二、关键共性技术攻关能力提升路径

首先,加快网络核心技术攻关。积极跟踪研究世界前沿的网络核心技术,明确有哪些应用性强、国内缺乏核心技术的前沿技术。积极组织专家研究关系国计民生领域的网络核心技术,集中优势资源,进行跨行业跨领域的研究认证,对其中的关键技术进行攻关,如软件定义网络、标识解析等技术,找出存在的问题和不足之处,落实措施和责任人。

其次,加强网络核心技术的产业化应用,特别是促进人工智能、大数据、云计算、5G等技术在工业互联网中的应用,加强人工智能、大数据、云计算、5G等技术在工业中的应用,使其与我国传统制造业及先进制造业深度融合,落实相关部门,推动我国传统制造业及先进制造业转型升级。

再次,突破一批制造业行业领域的关键技术。对制造业重点行业领域,积极开展行业核心技术攻关,既可以组织行业专家团队开展技术攻关,也可以利用产业产学研政合作攻关行业核心技术,并建立行业关键技术的试验验证系统,待核心技术真正开发成功,积极在行业重点企业中试点应用关键技术,并组织人员把关键技术在行业中推广应用。

三、关键核心技术产业化实施路径

首先,推进互联网关键核心技术产业化进程。聚焦互联网关键核心技

术,对关键核心技术进行攻关,积极推进互联网关键核心技术产业化进程。积极组织人员在行业重点企业中进行试点,在重点企业中应用关键技术,在此基础上利用行业协会组织人员,将关键技术在行业中进行推广应用。

其次,加快工业互联网关键设备的产业化。技术推广需要载体设备,而网络设备是技术的载体。在推广技术过程中,需要加快工业互联网关键设备的产业化。积极利用国家对高新技术产业的政策,以政策优惠等措施鼓励大型工业企业购买,以补贴等措施鼓励中小企业购买工业互联网关键设备,把实用的关键核心技术进行产业化。

再次,加快工业大数据分析等关键应用软件产业化。围绕制造业重点行业,大力开发行业大数据分析等工业软件,并将工业软件广泛应用到各个行业领域,实施产业化部署;同时将部分工业软件进行集成创新,形成综合集成软件,并进行大规模商业化部署,推动关键软件的产业化进程。

第三节 "互联网+"与集成创新的耦合路径

一、产品解决方案供给提升路径

工业互联网集成创新的基础是形成解决方案,而解决方案的供给能力体现在工业互联网集成创新能力上。针对重点产业重点领域的问题,加快技术攻关,提出能够解决重点领域问题的解决方案,开发一批能够解决重点领域问题的关键工业软件,生产一批解决重点领域问题的智能联网装备产品。围绕不同制造行业,加强解决方案和软件的集成,形成一批解决不同行业共性问题的综合方案,开发一批解决不同行业共性问题的综合软件和大数据分析软件。根据我国提出的"中国制造2025"战略,围绕其中十大重点领域,打造与十大领域密切相关的工业互联网建设的解决方案。

二、企业数据集成应用提升路径

加强企业内部各部门业务数据的集成,实现企业各部门业务数据端到端的集成,企业在运行过程中,通过各业务部门数据资源的集成,有助于分析企业的经营状况,也有助于不同部门之间的业务联系,促进部门经营效率的提升。与此同时,加强企业与企业之间业务数据的集成,并把集成的数据应用到生产、研发、销售等领域,依托互联网平台开展数据集成应用,数据集成应用有助于优化生产工艺流程,有助于优化研发模式,也有助于提升设备维护与事故风险预警能力,提高生产经营效率。此外,依托工业互联网开展供应链的集成应用,供应链上有大量上下游企业和大量用户,通过供应链集成,链上企业和用户可以在集成系统里广泛应用,大大节省交易时间,提高集中交易效率;通过供应链集成,形成众包众创等新业态、新模式。

三、互联网集成创新应用示范路径

积极组织制造企业开展集成创新示范应用,不断带动行业企业开展集成创新,探索新型集成创新应用模式。一方面,加大力度开展智能制造的集成创新应用示范。国家和地区不断出台"互联网+"与制造业融合的政策意见,其根本目的是大力发展智能制造,引导传统制造业向智能化方向发展。因此,积极开展智能制造的集成创新应用示范,为广大先进制造企业智能化发展提供集成创新示范。另一方面,加大远程服务集成创新应用示范。目前高端智能装备呈现数字化、网络化发展的趋势,能够实现产品远程控制,开展远程服务集成创新应用示范,为远程控制设备的集成创新提供示范,有助于提升智能化设备的远程服务能力。同时,加强智能产品的集成创新应用示范。在工业智能产品、家居智能产品和可穿戴智能产品领域,加强智能产品的集成创新应用示范,有助于产品创新,开发产品新的功能,提高产品综合性能和产品使用效率。

第四节 "互联网+"与协同制造的耦合路径

"互联网+"协同制造的耦合形成网络化协同制造,网络化协同制造是利用网络技术,实现供应链内企业在设计、制造等方面的合作,同时实现跨供应链之间企业在设计、制造和商务等方面的合作,真正实现资源共享和充分利用。发展网络化协同制造有助于推动互联网与先进制造业深度融合,提升制造业数字化和智能化水平,促进产业链内企业的协同协作和产业链间企业的协同协作,实现产业链上下游企业共享设计、研发等信息。在企业资源有限的情况下,网络化协同制造为中小企业提供设计协同、生产协同和服务协同等,对中小企业发展起着重要的推动作用。面向中小企业协同发展需求,网络协同制造应用主要模式有设计协同、供应链协同、生产协同、服务协同、众包众创等形式。

一、网络化设计协同路径

设计协同是利用计算机网络技术,在共享环境下共同完成某些设计任务。制造业中小企业由于资源有限,研发人才缺乏,难以独立完成产品设计,此时设计协同助推中小企业完成产品设计。设计协同尽管在时间上分离、在空间上散布,但对产品的设计是需要一起协同完成的。同时,通过协同设计可以使设计的产品更加优化、更加科学。

二、网络化供应链协同路径

制造企业在生产过程中,借助互联网形成线上与线下相结合的供应链网络。在供应链网络中,供应链主体包括供应商、制造商、一级分销商、二级分销商和客户等。在具体经营过程中,供应链主体共享各类信息,包括客户需求信息、产品设计信息、工艺文件信息以及供应链计划和库存等信息。任何一个客户或制造商需要协同设计产品或协同制造产品,需求会迅速在供应链中传播,及时响应,实现供应商、制造商、一级分销商、二级分销商和客户等主体的供应链协同。

三、网络化生产协同路径

复杂的工业产品的生产和制造往往需要由供应链上的多家工厂协同制造完成,供应链上的多家工厂在具体生产协同过程中共同生产,因此需要对生产计划进行协同,对原材料、劳动力、物流等进行协同,同步生产,保质保量地按时完成产品生产并提交产品。同时,在采购、生产、物流等方面建立动态协调机制,对于客户需求的任何变更,设计需要快速响应、工艺需要快速响应修改,并利用动态协调的机制协调上下游供应商的供应、仓储和物流,以快速响应需求与资源的动态变化。

四、网络化服务协同路径

服务协同是根据产品全生命周期理论,服务提供者对用户需求进行管理和服务,为用户设计制造提供管理和服务,以及对售后服务、卖方信贷、产品租赁直至回收再利用的全过程进行管理和服务。在信息物理融合系统的支持下,当用户在设计、售后服务等方面需要服务提供者协同完成时,服务提供者会积极响应,并提供在线诊断和在线售后服务。实施服务协同不仅能提高用户的满意度,而且能为用户创造产品价值和使用价值。

第五节　"互联网+"与先进制造业耦合路径的仿真模拟

"互联网+"驱动先进制造业升级是一个更为复杂的系统过程,在"互联网+"驱动先进制造业转型升级的过程中,既受到互联网资源的影响,又受到技术、平台等其他因素的影响。本章继续应用系统动力学仿真模拟法,分析"互联网+"如何影响先进产业升级以及"互联网+"与先进制造业如何耦合等方面的内容。

一、"互联网+"驱动先进制造业升级的系统动力学分析

(一)模型构建分析

在"互联网+"等创新要素驱动先进制造业升级的过程中,各个创新要素之间存在相互合作、相互促进和相互制约的特点,其特点主要表现为主动性、协同性和系统性。通过"互联网+"等创新要素与先进制造业融合,逐步形成先进制造业升级的路径。本章依据系统动力学建模的基本思路,建立相应的系统结构模型,进而根据系统动力学原理仿真模拟"互联网+"与先进制造业的融合路径,提出"互联网+"与先进制造业融合发展的路径系统(见图 8.1)。

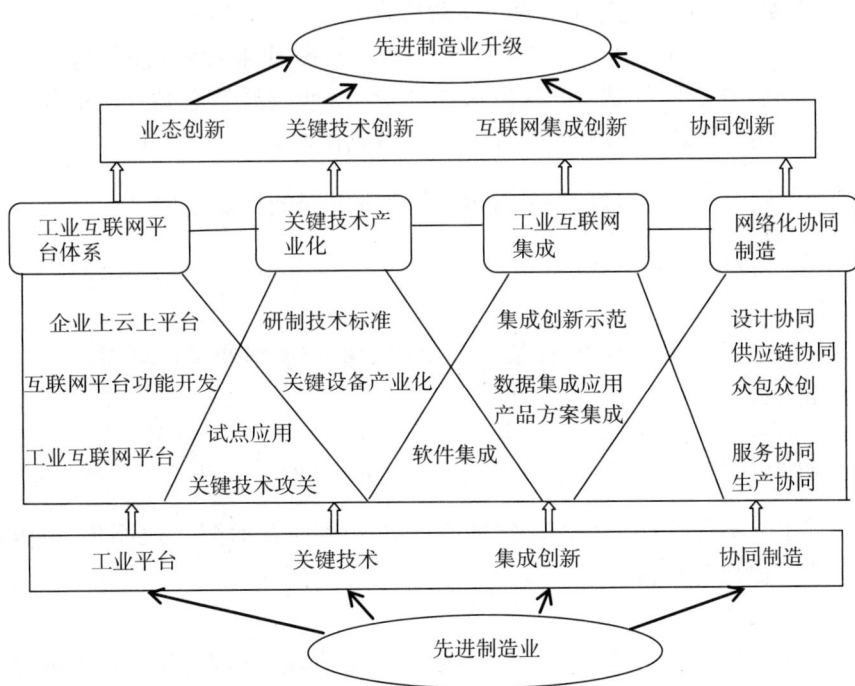

图 8.1 "互联网+"与先进制造业融合发展的路径系统模型

(二)模型构建的路径分析

基于"互联网+"与先进制造业融合发展的路径系统模型进行系统分析,先进制造业转型升级主要从关键技术创新、互联网集成创新、协同创新

和业态创新进行实施。同时,围绕关键技术创新、互联网集成创新和协同创新等方面构建"互联网+"与先进制造业升级的融合路径。本章继续选取新产品销售收入、专利申请量和先进制造企业新增收入三个变量来表征先进制造业创新与升级情况。

结合系统模型,"互联网+"与先进制造业融合主要包含以下路径:

先进制造企业收入→+国内生产总值(GDP)→+政府研发投入→+企业研发支出→+工业互联网平台功能开发经费→+企业上云上平台经费→+新业态开发数→+新产品销售收入→+先进产业企业新增收入。

先进制造企业收入→+国内生产总值(GDP)→+政府研发投入→+企业研发支出→+关键技术攻关经费→+企业试点应用经费→+关键设备产业化经费→+关键技术产业化经费→+专利申请量→+先进产业企业新增收入。

先进制造企业收入→+企业科技经费支出→+企业软件集成经费→+企业产品方案集成经费→+数据集成应用经费→+集成创新示范应用经费→+专利申请量→+先进产业企业新增收入。

先进制造企业收入→+企业科技经费支出→+企业设计协同经费→+企业生产与服务协同经费→+众包众创经费→+研发经费总数→+专利申请量→+专利技术交易金额→+先进产业企业新增收入。

二、"互联网+"驱动传统产业升级的仿真模型

(一)模型变量介绍

1. 状态变量

其值是经过累加形成,在某时刻由初始值与速率变量计算得出。其方程表示为:

$$Level(t') = L(t'_0) + \int_{t0}^{t} [inflow(t') - outflow(t')] dt' \qquad (8-1)$$

其中,$Level(t')$表示某时存量值,$inflow(t')$表示流入速率值,$outflow(t')$表示流出速率值。

2. 速率变量

速率变量为自变量,对状态变量的变化有直接的影响,其公式表示为:

$$Rate(t') = \frac{\mathrm{d}}{\mathrm{dt}} Level(t') \qquad (8-2)$$

3. 辅助变量

其值是由其他变量的数值计算得出,受其他变量影响。

$$Rate(t') = f[Level(t'), Aux(t'), Data, Const] \qquad (8-3)$$

其中, $Level(t')$ 表示状态变量, $Rate(t')$ 表示变量变化速率, $Data$ 表示变量初始值, $Const$ 为常数。

（二）模型主要变量及说明

1. 变量内容

模型变量内容主要是根据"互联网+"驱动先进制造业升级的路径模型决定的,本章继续选取新产品销售收入、专利申请量和先进制造企业新增收入三个变量作为输出变量,用于表征先进制造业升级与创新情况。

2. 变量属性

状态变量:指标变量值是经过长期积累而成,本章将新产品销售收入、专利申请量和先进制造企业新增收入三个变量作为状态变量。

速率变量:模型中分别设置企业研发支出、企业科技经费支出、新产品开发经费、政府研发投入四个变量作为速率变量。

辅助变量:辅助变量主要包括企业设计协同经费、企业生产与服务协同经费、国内生产总值（GDP）、关键技术攻关经费、企业上云上平台经费、数据集成应用经费、关键设备产业化经费等因素。

3. 变量关系的建立

根据"互联网+"驱动先进产业升级影响要素之间互为因果的关系,分析确立模型变量间定性关系。本章以全国规模以上先进工业企业的统计数据为基础,运用 SPSS 软件,分析变量间的具体函数关系并得到相应结果。

4. 选取数据与拟定行业

本章采用 VENSIM 模型法仿真模拟,仿真模拟采用的相关数据主要来源于《中国统计年鉴》《中国科技统计年鉴》等,数据的时间跨度为 2003—2018 年。

根据先进制造业的本质内涵和《中国统计年鉴》中制造业的行业分类,本章先进制造业主要包括医药制造业,汽车制造业,铁路、船舶、航空航天和其他运输设备制造业,电气机械和器材制造业,计算机、通信和其他电子设备制造业,仪器仪表制造业。

（三）检验模型的有效性

根据系统动力学的原理,比较仿真数值与实际数值之间的差异是检验模型是否符合实际的最有效途径。本章主要通过对比模拟数据与真实数据的差异,并计算相关系数检验变量模拟值与真实值的拟合度。运用 SPSS 软件,分析变量间的具体函数关系如下:

（1）初始时间＝2003,表示 2003 为仿真模拟的初始年份;

（2）最终时间＝2018,表示 2018 为仿真模拟的最终年份;

（3）新产品销售收入＝INTEG（新产品销售收入年增加值，4641）；

（4）新产品销售收入年增加值＝0.097×新产品开发项目数－1136；

（5）先进产业企业新增收入＝63.52×企业卖出专利金额+3.38×新产品销售收入；

（6）企业科技经费支出＝金融机构经费投入+企业科技经费投入；

（7）企业研发支出＝企业科技经费支出+政府研发投入+261；

（8）企业设计协同经费＝0.0013×企业研发支出；

（9）生产协同经费＝0.0011×企业研发支出；

（10）服务协同经费＝0.0012×企业研发支出；

（11）关键技术攻关经费＝0.019×企业研发支出；

（12）企业上云上平台经费＝0.025×企业研发支出；

（13）数据集成应用经费＝0.021×企业研发支出；

（14）关键设备产业化经费＝0.023×企业信息化设备投资经费；

（15）专利申请量＝INTEG（发明专利申请量年增加值，8423）；

（16）发明专利申请量年增加值＝12.96×企业研发经费－13581；

（17）专利技术交易金额＝INTEG（1389+0.001×专利申请量，628）；

（18）企业引进技术经费＝引进专利技术交易金额－74.35；

（19）新产品开发项目数＝17.31×企业设计协同经费+12.62×关键技术攻关经费+18.37×数据集成应用经费+23.56×企业新产品开发经费+11675；

（20）企业新产品开发经费＝企业科技经费支出－237；

（21）国内生产总值（GDP）＝0.75×企业收入+55396；

（22）政府研发投入＝政府财政科技研发经费+276.38。

将通过仿真模拟得到的数值与真实值对比，见表8.1。

表8.1　真实数据与仿真数据对比表

年份	新产品销售收入（亿元）			专利申请量（件）		
	真实数据	仿真数据	误差率（%）	真实数据	仿真数据	误差率（%）
2003	4515	4641	2.79	8270	8423	1.85
2004	6098	6202	1.72	11026	11209	1.66
2005	6914	7084	2.47	16823	16521	-1.79
2006	8248	8439	2.32	24301	24072	-0.94
2007	10303	10105	-1.92	34446	35324	2.55

续表

年份	新产品销售收入(亿元)			专利申请量(件)		
	真实数据	仿真数据	误差率(%)	真实数据	仿真数据	误差率(%)
2008	28023	27801	-0.79	68580	67469	-1.62
2009	32947	33220	0.83	93161	94316	1.24
2010	41742	42359	1.48	109785	111717	1.76
2011	53086	54556	2.77	193606	192154	-0.75
2012	54568	56559	3.65	220054	226413	2.89
2013	62958	64638	2.67	261122	267989	2.63
2014	72851	75320	3.39	283489	293326	3.47
2015	79328	81565	2.82	296633	303603	2.35
2016	93733	96694	3.16	347416	355858	2.43
2017	104069	107024	2.84	409391	417865	2.07
2018	105104	107584	2.36	469815	479916	2.15

运用拟合度方程:

$$R^2 = 1 - \frac{\sum_{i=1}^{n} (Y_i - \hat{Y_i})^2}{\sum_{i=1}^{n} (Y_i - \bar{Y_i})^2} \tag{8-4}$$

其中 Y_i 表示真实值, $\hat{Y_i}$ 表示模拟值, $\bar{Y_i}$ 表示平均值。从表 8.1 仿真结果可知,新产品销售收入真实值与模拟值的误差值相对合理,专利申请量真实值与模拟值的误差值也相对合理,表明系统动力学模型对"互联网+"与先进制造业升级耦合路径的模拟有效,可以进行模拟仿真。对于拟合度而言,新产品销售收入真实值与模拟值拟合度 $R^2 = 0.9537$,专利申请量真实值与模拟值拟合度 $R^2 = 0.9306$。由于新产品销售收入真实值与模拟值拟合度以及专利申请量真实值与模拟值拟合度均在 0.9 以上,因此,此仿真模型可以反映"互联网+"驱动先进制造业升级的实际运行情况。进一步地,运用此模型可以深入仿真研究"互联网+"驱动先进制造业升级的动态演化情况。

三、结论分析与政策建议

(一)结论分析

通过"互联网+"对先进制造业升级影响的动力学分析及模型仿真模

拟,能够得到以下结论:通过仿真模拟发现,随着企业研发经费投入的增加,企业信息化应用程度和集成创新应用水平不断提升,先进制造业关键技术应用以及关键设备产业化程度不断提高,新产品开发数量相应增加,新产品的销售收入呈现出增加的态势。然后,对于先进制造企业的研发投入和政府对企业研发的投入而言,提高这两类研发投入,相应的专利申请量也都有所增加,企业研发投入增加所致的专利申请量增幅比政府研发投入增加的专利申请量增幅更为显著。

(二)政策建议

"互联网+"驱动先进制造业升级的过程是各个要素之间动态关联和反馈作用的过程,各个创新要素对先进制造业升级影响也较为复杂,"互联网+"驱动先进制造业升级过程中存在若干路径,各条升级路径之间也相互存在联系。通过仿真发现,在先进制造业的研发创新模式中,增加对关键技术应用和新产品开发的经费投入,可以有效地促进先进制造业发展;而增加对集成应用经费投入和网络化协同应用的经费投入,能够有效提高企业收入。因此,基于"互联网+"的关键技术攻关和集成应用是促进我国先进制造业发展的有效路径之一,先进制造企业应增加关键技术应用和集成应用的研发投入,增加新产品开发经费投入,更有效地促进先进制造业升级。通过仿真模拟进一步发现,由于先进制造业研发主体仍是企业,先进制造业升级需要增加企业之间协同合作的研发投入,扩大行业企业间的协同合作,而政府影响企业研发效率并不显著。因此,政府应该根据实际情况调整战略和政策,完善先进制造业关键技术应用的经费投入政策,进一步完善集成应用和网络化协同应用的财税政策,促使先进制造业转型升级。

本 章 小 结

本章主要分析"互联网+"与先进制造业的耦合路径,通过系统动力学仿真模拟"互联网+"与先进制造业的耦合路径,提取先进制造业升级的最优路径,形成智能化发展的新业态和新模式。"互联网+"驱动先进制造业升级过程是各个要素之间动态关联和反馈作用的过程,各个创新要素对先进制造业升级影响也较为复杂。本章先分析了"互联网+"与工业平台的耦合路径,提出工业互联网平台体系建设路径、工业互联网平台运营能力提升路径、工业企业"上云上平台"路径;再分析"互联网+"与关键技术的耦合路径,提出工业互联网标准体系构建路径、关键共性技术攻关路径、关键技术产业化路径;然后分析"互联网+"与集成创新的耦合路径,提出产品解决方案供给路径、企业数据集成应用路径、互联网集成创新应用路径等,最后分析"互联网+"与协同制造的耦合路径,提出网络化设计协同路径、网络化供应链协同路径、网络化生产协同路径、网络化服务协同路径。在此基础上,运用系统动力学分析法仿真模拟"互联网+"与先进制造业的耦合路径,仿真结果显示新产品销售收入真实值与模拟值的误差值相对合理,专利申请量真实值与模拟值的误差值也相对合理。通过仿真模拟发现,随着企业研发经费投入的增加,企业信息化应用程度和集成创新应用水平不断提升,先进制造业关键技术应用及其产业化程度相应提高,新产品开发数量相应增加,新产品销售收入呈现增加的态势。"互联网+"驱动先进制造业升级过程存在若干路径,各条升级路径之间也相互存在联系,这对深化供给侧结构性改革,推进"互联网+"先进制造业深度融合发展具有重要意义。

第 四 篇

"互联网+"驱动我国制造业升级的政策建议

第九章 "互联网+"驱动我国制造业升级的政策体系研究

在新一轮全球科技革命蓬勃兴起和我国实施"互联网+"战略的背景之下,"互联网+"与制造业融合成为我国制造业转型升级的重点。本章在阐释"互联网+"与制造业升级内涵外延以及"互联网+"对制造业升级影响因素的基础上,从互联网技术、互联网平台、互联网思维和网络效应四个维度分析"互联网+"驱动制造业升级的作用机理,阐述"互联网+"与制造业融合的发展现状,测算"互联网+"驱动制造业升级效率,并利用 2003—2018 年我国省级面板数据,实证检验"互联网+"对我国制造业升级效率的影响效应和网络效应。通过理论分析和实证研究,可以得到以下一些政策启示。

加快实施"互联网+"战略,推动"互联网+"与我国制造业的深度融合。研究发现,"互联网+"对我国制造业升级综合效率具有显著的促进作用,但"互联网+"对我国制造业升级配置效率和技术效率促进作用的程度较小。这表明我国制造企业需要加快互联网化转型,建立基于互联网的组织结构、生产方式、商业模式和业务运营体系。结合国家有关"互联网+"战略行动指导意见,制造企业根据实际经营状况深入实施"互联网+"战略、拓展互联网应用,发挥互联网对传统制造业的改造作用,通过"互联网+"改造传统制造业转型升级,加强大数据、云计算、人工智能在智能制造领域的应用,促进互联网与先进制造业融合发展。同时,利用互联网推进制造企业从"生产型制造"向"服务型制造"的转型升级,加快建设实施工业互联网,实现制造企业向网络制造、智能制造、生态制造发展。

加快建设普惠互联网,提高我国互联网普及率。研究发现,"互联网+"对我国制造业升级综合效率具有显著的促进作用,"互联网+"促进我国制造业升级存在网络效应,其促进作用呈现非线性。提高互联网普及率对提升我国制造业升级效率具有促进作用,互联网普及率越高,其提升制造业升级效率越大,对经济发展的促进程度更大。门槛效应回归结果显示,网民人口比例 40.12% 是互联网促进我国制造业升级并实现网络效应的一个临界规模。目前我国大部分省市的网民人口比例已经达到或超过该值,互联网所蕴含的功能将被逐步释放,互联网成为促进我国制造业发展的有力新引擎。但与西方发达国家的高网民人口比例相比,我国目前网民人口比例提升空间较大,未来在普及互联网的同时,应注重提升互联网的服务能力,推进提速降费政策的落实,着力解决区域和城乡互联网发展不平衡问题。

"互联网+"促进制造业升级,实现价值链开放融合。在制造企业转型升级过程中,"互联网+"促进制造企业实现两大转变:一是制造企业由原先按计划生产转向按消费者需求生产,二是形成制造企业开放的价值链体系和开放的供应链体系。基于"互联网+"制造企业可以利用大数据、云计算整合各类资源,实现跨界融合,形成创新型组织结构和柔性的管理模式。在经营理念层面,逐步从"以产品为中心"转向"以用户为中心",由按计划生产转向按需求生产,形成大规模个性化定制的生产经营模式。在升级改造制造信息化程度的基础上,通过对核心制造业务流程的优化重组和改革,在数据采集、执行设备及控制管理等方面实现智能化制造。在价值链视角下,制造企业利用"互联网+"把用户信息传输到制造、销售和服务等价值链环节,实现价值链开放融合,进而对价值链模块进行整合与重组,使制造企业内部职能分工向内外协同模式转变,增强核心竞争力,实现制造业价值链升级。在组织生产层面,制造企业利用互联网形成柔性制造模式实现大批量制造与小批量个性定制之间的柔性转换,并利用互联网特性改革组织体系,形成创新型组织结构,实现组织功能有序循环。

本章在理论研究和实证分析的基础上,借鉴发达国家的经验,基于上述政策启示,提出"互联网+"驱动我国制造业升级效率的政策体系,具体将从"互联网+"与我国制造业深度融合、集群培育、人才培养、技术创新、基础建设等层面构建政策体系,为政府实施和调整"互联网+"驱动我国制造业升级的政策提供可靠的理论支撑和实践指导,从而服务于制造强国和网络强国建设。

第一节　加快推进"互联网+"与制造业深度融合

加快实施"互联网+"战略,促进"互联网+"与制造业深度融合。在"互联网+"驱动制造业升级的过程中,加快"互联网+"与我国制造业的融合发展,对深化我国供给侧结构性改革和制造强国建设具有重要的现实意义。

一、加强"互联网+"与制造业深度融合的顶层设计

"互联网+"对我国制造业升级效率提升的作用显著,应加快建设工业互联网。具体而言,以制造强国建设为目标,设立工业互联网推进工作小组,推进工业互联网的具体相关工作,包括协同推进工业互联网与"中国制

造2025"战略,协调任务安排,督促检查主要任务落实情况等;设立工业互联网发展协调小组,一方面协同专项工作小组前瞻性地讨论工业互联网发展中的问题,另一方面战略性地讨论工业互联网发展的相关政策,并对工业互联网政策的实施情况进行咨询评估。建立互联网发展情况的第三方评估机制,测评我国工业互联网运行情况;省级部门提出省级工业互联网的实施方案,构建组织实施的体制机制,细化政策措施。围绕制造业与互联网融合的关键环节,引导培育新模式新业态,在平台建设、中介服务、技术支撑等环节开展试点示范与应用推广,确保各项任务落实到位,加快"互联网+"与制造业的融合发展,改造提升传统动能,培育新的经济增长点。

二、对于制造业不同行业,实施不同的"互联网+"策略

发挥互联网对传统制造业的改造作用,利用互联网推进传统制造企业从"生产型制造"向"服务型制造"转型升级。重点是围绕传统制造业与互联网融合的关键环节,特别在研发设计、中介服务、技术支撑等方面加快传统制造业与"互联网+"的融合发展,积极改造提升传统产业。"互联网+"对传统产业劳动生产率的影响较大,由于"互联网+"对传统产业的影响体现在网络化营销和智能化生产上,传统产业应该注重利用"互联网+"改造工厂工艺流程,打造"智慧工厂",提升产品品质和产品附加价值,提高生产效率以及在全球价值链的地位。对于先进制造企业,应加强人工智能、云计算在智能制造领域的广泛应用,促进互联网与先进制造业的融合发展,建立互联网时代的新商业模式、新业务运营体系和新组织架构。推进互联网技术与先进制造业的融合,重点发展集成电路、自动控制、新一代通信技术等领域的制造业,推动工业互联网和高端装备制造业的融合发展,加快集成创新应用、协同合作创新。加快探索"互联网+"与先进制造业平台的融合路径、"互联网+"与关键技术产业化的实现路径、"互联网+"与集成创新应用及协同合作创新的耦合路径,大力推进集成创新和平台创新,形成新业态、新模式,实现工业企业网络化、智能化、平台化和生态化发展。

三、实施"互联网+"应该因地制宜

我国制造业发展呈现较大的不平衡,东部地区制造业发展水平相对较高,中西部地区与东部地区相比存在较大差距。本章研究结果表明,东部地区制造业"互联网+"对制造业效率的促进作用较大,而"互联网+"对中西部地区制造业效率的促进作用较小。东部地区需要不断深化"互联网+"与制造业的融合,利用"互联网+"大力改造传统制造业,培育壮大区域特色产

业和新兴产业,实现智能制造和柔性生产。中西部地区互联网企业相对较少,实施"互联网+"战略需要投入较多资金、技术、人力资本等要素。中西部地区传统制造业占比较大,加大互联网与传统制造业的融合,需要引进"互联网+"资源,并且在实施"互联网+"与制造业融合上给予更多政策扶持。根据不同区域制造业的发展阶段,推动我国制造业与"互联网+"分层次融合发展,形成均衡科学的可持续发展态势。

第二节　培育智能制造产业集群

建立智能制造业产业集群的关键是基于互联网推动集群企业之间的协同创新,推动制造集群企业与供应链主体的协同创新,推动集群企业与价值链体系的融合创新,推动集群企业与信息服务企业的协同创新。

一、推动集群企业之间的协同创新

集群企业借助互联网技术实现交流与合作,为集群企业之间开展学习与创新活动创造良好的外部环境。首先,产业集群内企业通过大数据、云计算、物联网等技术在短时间内获取海量数据,利用竞争协作机制开展良性竞争,集群企业一方面通过竞争加大研发投入,实现技术创新;同时主动应用互联网技术。另一方面,集群企业又相互协作,实现优势互补和合作共赢使集群企业共享客户需求、设计研发和生产管理等信息,全面联动与促进产业集群智能化转型。其次,放宽制造市场准入条件,降低壁垒,鼓励社会资本投资集群企业进行智能化改造,加强外资投资制造业的政策引导和鼓励外资增资的政策支持,进一步加大招商引资力度,通过提供税收等优惠政策,为智能产业集群发展提供资金支持。再次,加大互联网基础设施建设,通过整合宽带网络和通信系统构建集群数据信息共享平台,为集群企业智能化转型提供信息服务。鼓励集群企业采用智能化生产设备和数字化生产线,实现集群企业之间协同创新和合作发展。

二、推动制造集群企业与供应链主体的协同创新

集群企业处于供应商、用户等所组成的供应链之中,协调供应链关系是制造集群企业正常运营和建立优势的关键。一方面,积极开展传统制造集群企业与供应链的协调工作,制造集群企业与供应商的有效协调有助于集群企业优化采购流程,更好地满足用户;否则影响集群企业绩效。互联网是推动集群企业和供应链协同的有效手段,不仅促进集群企业和供应商的合

作,提高产品知名度,而且促进集群企业间的信息分享和合作,降低沟通成本。另一方面,加强在供应链管理中的互联网作用,推动制造业供应链上及供应链之间的信息流动。互联网打通制造业供应链中的信息流动,增强制造企业与供应链上下游企业的信息沟通,也增强了制造企业与不同供应链企业的信息沟通,有助于制造企业更加及时和准确地把握市场行情。从供应链的角度而言,供应链协同的关键在于相关信息能否在供应链中进行迅速、精准的传递和分享,包括采购存货、生产计划、供应商运营、消费者服务等信息;从企业角度而言,拥有优势信息的制造企业或上下游企业是否把信息与供应链上的其他节点企业共享,对协调供应链具有重要的影响。本章研究表明,供应链中企业间的信息传递分享促进供应链的协同性,有助于提升企业绩效;标准化电子商务联络和信息交换有助于建立良好的供应链关系,实现更好的供应链关系管理。

三、推动集群企业与价值链体系的融合创新

"互联网+"推动集群企业转型升级,实现集群企业由按计划生产转向按消费者需求生产,同时"互联网+"推动制造业集群形成开放的价值链体系和开放供应链体系。基于"互联网+"制造企业可以利用大数据、云计算整合各类资源,实现跨界融合,形成创新型组织结构和柔性的管理模式。在价值链视角下,制造企业利用"互联网+"把用户信息传输到制造、销售和服务等价值链环节,实现价值链开放融合,进而对价值链模块进行整合与重组,使制造企业内部职能分工向内外协同模式转变,增强核心竞争力,实现制造业价值链升级。价值链视角下的集群企业经营理念逐步从"以产品为中心"转向"以用户为中心",由按计划生产转向按消费者需求生产,形成大规模个性化定制的生产经营模式;在升级改造制造信息化程度的基础上,通过对核心制造业务流程的优化重组和改革,在数据采集、执行设备及控制管理等方面实现智能化制造。利用互联网的特性变革组织体系,实现企业内和企业之间的各组织系统功能有序循环。

四、推动集群企业与信息服务企业的协同创新

大力发展信息服务业,提高制造业集群信息服务的市场份额,推动集群企业利用"互联网+"发展智能制造。一方面,建立完善互联网企业与制造集群企业相互合作的机制,建立智能制造基础软件开发平台和工程软件开发平台,能够在工业传感、人机交互等跨界融合领域取得突破,利用信息化服务解决工业数字化和工业自动化的关键问题;另一方面,积极培育具有较

好智能制造基础的集群企业,力争发展成为制造集群系统解决方案的示范企业。引领行业企业根据市场为导向开发智能制造关键技术和系统解决方案,获得竞争优势。通过提炼和经验总结形成行业示范,并将系统解决方案进行应用推广,最终将系统解决方案业务剥离,发展成为独立的第三方服务,促进智能制造产业集群规模化发展。大力推动信息服务的市场化进程,借鉴发达国家智能制造的经验,探索我国制造集群智能化发展路径。

第三节　加强智能制造人才培养

加强智能制造专业人才培养,为智能制造提供人才队伍保障。培养智能制造人才不仅对加快"互联网+"与制造业深度融合具有重要的作用,而且对实现制造业升级具有积极的推动作用,智能制造需要大量智能制造专业人才,也要求各类专业人才具备工业知识,熟练掌握互联网应用能力,以更好促进"互联网+"与制造业的融合发展。

一、壮大智能制造人才队伍

通过引培结合,发展智能制造人才队伍。首先,加快建设工业互联网学科体系,发挥高校作用,培育工业互联网技术人才,协同科研机构、企业、产业集聚区和企业各方作用,联合推动产学研合作,并联合培育智能制造各类人才。其次,积极引进一批高水平科学家,开展国家级工程项目;依托高层次人才支持计划,引进智能制造领域高层次科技领军人才,大力培养智能制造的复合型人才,提高研发设计、技术咨询、现代物流等领域实用型人才供给。再次,建设一批熟悉智能制造政策的行业咨询人才队伍和高端决策人才队伍。加快建立智能制造智库,智能制造各个专家积极开展形式多样的科普教育活动和咨询活动,建立形成与"互联网+"协同智能制造重点行动相适应的人才体系。

二、完善人才培养机制

健全完善人才培养机制,为智能制造提供有效的人才保障。在传统制造业改造过程中,用智能化机器设备代替产业工人是传统制造业改造的一部分,但不能推动传统制造完全向先进智能制造转变。推动传统制造转变为智能制造,不仅需要基于智能化的技术研发人才,而且需要基于互联网的生产制造、设备操作以及智能监控等智能终端和生产设备,通过一整套基于互联网的智能化系统进行彻底改造。因此,市场将对智能化生产的技术研发人才、设备操作人才以及智能监控等专业人才产生巨大的人才需求。为有效保障我国智能制造业发展的人才需求,我国应健全完善智能制造人才培养机制。一方面,引导高校、科研机构充分发挥自身优势,加大智能制造高端人才的培养力度,引导专业培训机构加大对传统制造业工人的专业技能培训,促进技术工人和一线工人尽快掌握智能制造的相关技能,为现代智能制造提供充足的人才保障;另一方面,加大力度制定并实施各种优惠政策,积极引进海外智能高端制造领军人才和科技研发人才,快速提升我国智能制造核心技术的自主研发能力,促进制造业向智能化发展。

三、创新人才柔性使用机制

鼓励人才在企业、高校和科研机构之间的流动,建立由政府引导,企业、科研院校和行业协会参加的创新人才流动发展体系。积极鼓励人才通过柔性流动方式实现人才流动,如挂职、项目合作或短期工作等;积极鼓励企业技术人才担任高校校外导师,提升高校职业技术水平;积极鼓励校企、院企合作办学,共同培训"互联网+"专业技术人才。加强政策扶持,建立企业与院校协调联动的人才合作使用机制,推动互联网领域产教研深度融合,鼓励企业在院校建立"互联网+"研发机构和实验中心,形成一批实训基地;积极建立完善工业互联网领域的专业人才市场,建立工业互联网领域的人才数据库和人才供需对接机制。

四、优化人才评价制度和激励制度

充分发挥人才积极性、人才创造性和人才主动性,建立科学的人才评价体系。一方面,积极拓展知识作为生产要素参与分配的途径,拓展技术要素参与分配的途径,拓展管理作为生产要素参与分配的途径;建立完善技术入股、技术参与等分配激励机制,完善科技成果转化为经济效益的分配激励机制。另一方面,加大政策支持力度,开辟绿色通道,引进工业互联网领域高端人才,完善境外来我国工作许可、出入境、居留等方面的配套政策,完善住房、医疗、教育和社会保障等方面的配套政策,引导海外高层次人才参与我国工业互联网建设,参与我国智能制造领域的创业创新。

第四节 提升工业互联网核心技术创新水平

互联网信息技术在制造业生产过程中起着重要的推动和支持作用,加快互联网核心技术创新,提高其技术研发创新水平,对我国制造业发展具有重大意义。

一、加大工业互联网核心技术研发创新的政策支持

政府部门进一步加大对工业互联网核心技术研发支持的政策力度和资金力度,引导信息技术产业不断向专业化方向发展,推动制造业不断向高端化方向发展;积极开展信息技术研发创新,开展核心信息技术创新,鼓励资金向信息技术研发投资,为核心信息技术创新突破提供充分的政策保障,也为制造业核心技术攻关提供充分政策保障。行业龙头企业应充分认识到人才的重要性,积极引进高端科技研发人才,加大对人力资本的投资力度,集中资金资源优势,积极研发工业互联网核心技术,不断提高工业互联网的技术水平,为制造业升级提供技术支撑。同时,不断提升互联网信息技术服务和管理水平,为制造业转型升级提供优质高效服务。

二、提升互联网信息技术要素的产出效率

在制造业生产过程中,互联网信息技术起着重要的推动作用。随着互联网信息技术的发展,不同产业之间跨界融合越来越明显,不同产业之间相互作用、相互影响也越来越大。因此,政府应积极营造有利于产业共生发展的制度环境和政策环境,推动行业企业提升互联网信息技术要素的投入效率和产出效率,注重提升制造行业之间的产业关联效率,并引导互联网信息技术在地理空间上与制造业协同、共享和集聚。通过空间协同、空间共享和空间集聚,互联网信息技术与我国制造业更加融合,共同推动信息技术产业与制造业在全球价值链上不断攀升,最终促进制造业结构高度化升级,提升企业经济效益和自主创新能力。

三、加快制造企业自主性技术创新,为我国
制造业发展提供核心技术支撑

拥有自主知识产权的技术是制造企业生存和发展的重要前提,也是传统制造企业向智能制造企业升级的重要保障。我国制造企业应加强自主性技术创新,以"互联网+"创新为驱动力,加大网络化协同技术研发与创新的力度。一方面,在国家政策引导下,制造业通过整合优化资源构建以制造企业为主体的智能化、信息化技术研发体系,提高制造企业信息集成和创新能力,推动制造企业主体升级;同时构建以产学研联盟为主体的产业核心技术研发体系,在大数据、物联网、人工智能、3D 打印等前沿领域实现核心技术创新突破,并通过企业示范辐射效应,实现高端制造核心技术成果的产业化

应用,促进制造业集群的技术发展和创新发展。另一方面,推动我国制造企业自主性技术创新,积极跟踪全球智能制造的前沿,熟悉全球智能制造发展趋势,参与国际智能制造的技术交流与合作;并结合"一带一路"建设,加强与"一带一路"沿线国家的国际技术交流与合作,在"一带一路"沿线国家建立研发机构和生产基地,搭建技术合作创新网络平台,开展自主性技术创新。

四、制定互联网应用技术标准

互联网应用技术标准为智能制造的国际应用创造优势,围绕工业互联网标准化需求,研制工业互联网标准,建立统一的互联网技术标准体系。首先,建立统一的技术标准,统一技术标准有助于制造企业在跨平台、跨产业、跨国界时实现技术兼容,避免制造企业在跨平台、跨产业、跨国界生产时出现不兼容的问题。建立统一的技术标准体系,不仅可以提高行业企业生产效率和互联网产业的发展效率,而且在未来制定国际标准过程中能够拥有足够的话语权。我国互联网产业无论是在规模上还是技术上均处于世界前列,我国互联网行业依靠规模效应抢占行业发展制高点。其次,建立智能制造领域标准化体系,分析我国制造业重点领域的现存标准,在总结制造业重点领域现存标准的基础上,充分考虑我国智能制造的地区差异和智能制造行业发展差异,对标智能制造美国标准,分析智能制造德国标准,制定我国智能制造标准。围绕总体性标准、基础共性标准、应用标准和安全标准,分领域、分行业依次实施标准,实现基础共性标准全覆盖和应用标准、安全标准的全覆盖。再次,健全各类标准的协同发展机制,引导工业互联网产业联盟完善标准协同合作机制,完善各类产业组织标准的协同合作机制,积极组织人员开展各类技术标准的对接活动和试验验证工作,完善各类标准的试验验证内容和政策环境,推动各方联合开展技术标准的对接和应用研发,实现各类标准的协同发展。

第五节 提高互联网基础设施建设与服务能力

一、加快互联网信息技术基础设施建设

大力发展互联网信息基础设施,实现产业跨界融合发展,促进制造业智能化发展。在建立完善、稳定、可靠的互联网设施基础上,推进制造业产品创新,以及推进新产品与互联网信息技术的融合。加快信息技术基础设施

建设,重点建设支撑大数据的信息技术基础设施,建设支撑云计算的信息技术基础设施,建设支撑工业机器人等信息技术基础设施,为实现制造业智能化发展和"两化"融合发展奠定坚实的基础。针对制造企业低时延性的网络需求,推进制造企业内网的互联网协议技术改造与建设,推动制造企业内外网柔性化技术改造和扁平化技术建设,实现制造企业高可靠性和广覆盖性的网络需求。积极搭建综合性信息化服务平台,完善智能制造的技术支撑体系和服务体系。依托互联网络构建产品生态体系,依托互联网络构建以"网络+云平台+终端"为新基础设施的服务体系,加快建设互联网信息技术的基础设施,全方位提升互联网信息技术服务能力,推动信息资源、技术资源和服务资源等的融合共享,实现产业间跨界融合和产业间协同发展。

二、推动互联网络改造升级

加快建设普惠互联网,切实实现提速降费。积极推进宽带网络基础设施建设和改造,重点建设普惠互联网,通过优化国家层面的骨干网络,升级地区层面的骨干网络,扩大互联网络的覆盖范围,实现山区和海岛互联网络全覆盖,提高互联网普及率。在互联网普及过程中应注重提升互联网服务能力,推进落实提速降费政策,着力解决区域和城乡互联网发展不平衡问题。在推动互联网络改造升级过程中,积极建设新型智能网关,积极全面部署 IPv6,推动新型智能网关的广泛应用;继续推进中小企业互联的专线建设,加快完成国务院提出的互联网络提速降费任务。在完成网络提速降费任务的基础上,积极开发和引进 5G 等网络技术,进一步提升网络速率、降低资费水平,降低中小企业互联网专线接入的资费水平,切实降低企业生产成本。加强网络资源互联和开放,支持大中小企业融入宽带网络的建设和应用;采取措施,加大无线电频谱等关键资源的保障力度,促进"互联网+"驱动制造业升级。

三、推进标识解析体系建设

成立工业互联网标识解析体系建设工作小组,加强工业互联网标识解析的国家顶层设计,制定完善工业互联网标识的架构,提出工业互联网标识解析体系的总体目标、建设路线和建设时间表。设立国家工业互联网标识解析的专门管理小组,组织人员构建标识解析体系和总体服务体系,规划建设省级、市级和县级工业互联网标识解析节点,规划建设各级工业互联网标识公共递归解析节点,利用工业互联网标识精准对接全球供应链系统和全球企业生产系统,促进互联网信息资源的集成与互联网信息资源的共享,实现跨地区的产品全生命周期管理、跨行业的产品全生命周期管理以及跨企业的产品全生命周期管理。充分发挥互联网作为公共基础设施功能,通过工业互联网标识解析体系建设,建立形成更加开放、更加柔性的网络系统,提升互联网的普及率和服务能力,激发拓展"互联网+"驱动制造业升级的网络效应,实现制造业升级。

参 考 文 献

Abernathy W.J., Utterback J.M., "Patterns of Innovation in Technology", *Technology Review*, 1978, pp.41-47.

Adner R., "Ecosystem as Structure: An Actionable Construct for Strategy", *Journal of Management*, Vol.43, No.1(2017), pp.39-58.

Abernathy W.J., Clark K.B., "Innovation: Mapping the Winds of Creative Destruction", *Research Policy*, 1985, pp.3-22.

Akcomak I.S. and ter Weel, B., "Social Capital, Innovation and Growth: Evidence from Europe", *European Economic Review*, Vol.53(2009), pp.544-567.

Ali A., "Pioneering Versus Incremental Innovation: Review and Research Propositions", *Journal of Product Innovation Management*, Vol.11(1994), pp.46-56.

Amiti M., Konings J., "Trade Liberalization, Intermediate Inputs, and Productivity: Evidence from Indonesia", *American Economic Review*, Vol.97, No.5(2007), pp.1611-1638.

Atrostic B.K., Nguyen S.V., "IT and Productivity in US Manufacturing: Do Computer Networks Matter", *Economic Inquiry*, Vol.43, No.3(2005), pp.493-506.

Bentley K.A. and Sharp N.Y., "Business Strategy, Financial Reporting Irregularities, and Audit Effort", *Contemporary Accounting Research*, Vol.30, No.2(2013), pp.780-817.

Badescu M. and Ayerbe C., "The Impact of Information Technologies on Firm Productivity: Empirical Evidence from Spain", *Technovation*, Vol. 29, No. 2 (2009), pp. 122-129.

Bernstein B., Singh P.J., "An Integrated Innovation Process Model Based on Practices of Australian Biotechnology Firms", *Technovation*, Vol.26, No.5/6(2006), pp.561-572.

Bell M., Albu M., "Knowledge Systems and Technological Dynamism in Industrial Clusters in Developing Countries", *World Development*, Vol.27, No.9(1999), pp.1715-1734.

Bojnec, Ferto I., "Impact of the Internet on Manufacturing", *Journal of Computer Information Systems*, Vol.50, No.50(2009), pp.124-132.

Cardona M., Kretschmer T., Strobel T., "ICT and Productivity: Conclusions from the Empirical Literature", *Information Economics and Policy*, Vol.25, No.3(2013), pp.109-125.

Clarke G.R.G. and Scott J.W., "Has the Internet Increased Trade? Developed and Developing Country Evidence", *Economic Inquiry*, Vol.44(2006), pp.465-484.

Chu S.Y., "Internet, Economic Growth and Recession", *Modern Economy*, Vol.4(2013), pp.209-213.

Christensen C.M., Rosenbloom R., "Explaining the Attackers Advantage: Technological

Paradigms Organizational Dynamics and the Value Network", *Royal Economic Society*, Vol.24 (1995), pp.233-257.

Chandy Rajesh, Gerard Tellis, "The Incumbent's Curse? Incumbency, Size and Radical Product Innovation", *Journal of Marketing*, Vol.64, No.3(2000), pp.1-17.

Ceccobelli M., Gitto S., Mancuso P., "ICT Capital and Labour Productivity Growth: A Nonparametric Analysis of 14 OECD Countries", *Telecommunications Policy*, Vol.36, No.4 (2012), pp.282-292.

Chung-Jen Chen, Hsueh-Liang Wu, Bou-Wen Lin, "Evaluating the Development of High-Tech Industries: Taiwan's Science Park", *Technological Forecasting and Social Change*, Vol. 73, No.4(2006), pp.452-465.

Datta A.and Agarwal S., "Telecommunications and Economic Growth: A Panel Data Approach", *Applied Economics*, Vol.36(2004), pp.1649-1654.

Davies A., "Life Cycle of a Complex Product System", *International Journal of Innovation Management*, Vol.3(1997), pp.229-256.

David Emsley, Barbara Nevicky, Graeme Harrison, "Effect of Cognitive Style and Professional Development on the Initiation of Radical and Non-Radical Management Accounting Innovations", *Accounting and Finance*, Vol.23, No.6(2006), pp.213-249.

Damanpour F., Walker R.M., Avellaneda C.N., "Combinative Effects of Innovation Types on Organizational Performance: A Longitudinal Study of Public Services", *Journal of Management*, 2009, pp.23-28.

Dahlin K., Behrens D., "When is an Invention Really Radical? Defining and Measuring Technological Radicalness", *Research Policy*, 2005, pp.59-65.

Dan Yu, Chang Chieh Hang, "A Reflective Reviewof Disruptive Innovation Theory", *International Journal of Management Reviews*, Vol.24, No.5(2010), pp.79-86.

Dewar R.D., Dutton J.E., "The Adoption of Radical and Incremental Innovation: An Empirical Analysis", *Management Science*, Vol.32(1986), pp.1422-1423.

Feller J., Parhankangas A., Smeds R., "Process Learning in Alliances Developing Radical Versus Incremental Innovations", *Knowledge and Process Management*, Vol.32, No.3 (2006), pp.53-61.

Gans J.S., Stern S., "The Product Market and the Market for 'Ideas': Commercialization Strategies for Technology Entrepreneurs", *Research Policy*, Vol.32, No.2(2003), pp.333-350.

Gereffi G., "International Trade and Industrial Upgrading in the Apparel Commodity Chain", *Journal of International Economics*, Vol.48, No.1(1999), pp.37-70.

Gernden H.G., Salomo S., Holzle K., "Role Models for Radical Innovations in Times of Open Innovation", *Creativity and Innovation Management*, Vol.12, No.4(2007), pp.378-401.

Giuliani E., Pietrobelli C., Rabellotti R., "Upgrading in Global Value Chains: Lessons From Latin American Clusters", *World Development*, Vol.33, No.4(2005), pp.549-573.

Goto A., Suzuki K., "R & D Capital, Rate of Return on R & D Investment and Spillover of R & D in Japanese Manufacturing Industries", *Review of Economics and Statistics*, Vol.4 (1989), pp.555-564.

Guerrieri, Meliciani, "Technology and International Competitiveness: The Interdependence Between Manufacturing and Producer Services", *Structural Change and Economic Dynamic*, Vol.16, No.4(2005), pp.489-502.

Hu Jing, "An Empirical Study on Innovation Efficiency of Strategic Emerging Industry", *Information Technology Journal*, Vol.13(2014), pp.548-553.

Hagsten E., "Broadband Connected Employees and Labour Productivity: A Comparative Analysis of 14 European Countries Based on Distributed Microdata Access", *Economics of Innovation and New Technology*, 2016, pp.1-17.

Hewitt-Dundas, N & Roper S., "Strategic Re-Engineering Small Firms Tactics in a Mature Industry", *Northern Ireland: Economic Research Centre and CAM Bench Marking Ltd.*, 2000, pp.284-296.

Hansen M.T., Birkinshaw J., "The Innovation Value Chain", *Harvard Business Review*, Vol.85, No.6(2007), pp.121-130.

Humphrey J., Schmitz H., "How Does Insertion in Global Value Chains Affect Upgrading in Industrial Clusters", *Regional Studies*, Vol.36, No.9(2002).

Humphrey J., Schmitz H., "Chain Governance and Upgrading: Taking Stock, Local Enterprises in the Global Economy", *Issues of Governance and Upgrading*, 2004, pp.158-164.

Johan Jansson, "Emerging (internet) Industry and Agglomeration: Internet Entrepreneurs Coping with Uncertainty", *Entrepreneur Ship & Regional Development*, Vol.23, No.7(2011), pp.499-521.

Jiménez R., "Evaluating the Effects of Investment in Information and Communication Technology", *Economics of Innovation and New Technology*, Vol. 21, No. 2 (2012), pp. 203-221.

Kafouros M.I., "The Impact of the Internet on R & D Efficiency: Theory and Evidence", *Technovation*, Vol.26, No.7(2006), pp.827-835.

Kaplinsky R., Morris M.A., "Handbook for Value Chain Research", *Ottawa: IDRC*, 2001, pp.35-39.

Kash D.E., Rycoft R.W., "Patterns of Innovating Complex Technologies: A Framework for Adaptive Network Strategies", *Research Policy*, 2000, pp.28-36.

Koberg C.S., Detienne D.R., Heppard K.A., "An Empirical Test of Environmental, Organizational, and Process Factors Affecting Incremental and Radical Innovation", *Journal of High Technology Management Research*, Vol.31, No.8(2003), pp.573-591.

Koutroumpis P., "The Economic Impact of Broadband on Growth: A Simultaneous Approach", *Telecommunications Policy*, Vol.33(2009), pp.471-485.

Kuczag, Gebaler H., "Global Approaches to the Service Business In-manufacturing Companies", *Journal of Business & Industrial Marketing*, Vol.7(2011), pp.472-483.

Kuhn P. and M.Skuterud, "Internet Job Search and Unemployment Durations", *American Economic Review*, Vol.94(2010), pp.218-232.

Leonard-Barton D., "Core Capabilities and Core Rigidities: A Paradox in Managing New Product Development", *Strategic Management Journal*, Vol.13(1992), pp.111-125.

Madden G. and S.J.Savage, "Telecommunications and Economic Growth", *International Journal of Social Economics*, Vol.27(2000), pp.893-906.

Maine E., "Radical Innovation Through Internal Corporate Venturing: Degussa's Commercialization of Nanomaterials", *R and D Management*, Vol.45, No.5(2008), pp.430-449.

Meijers H., "Does the Internet Generate Economic Growth, International Trade, or Both", *International Economics & Economic Policy*, Vol.11(2014), pp.137-163.

Mahmoud Jouini S.B., Charue Duboc F., "Enhancing Discontinuous Innovation Through Knowledge Combination", *Creativity and Innovation Management*, Vol.33, No.5(2008), pp. 512-538.

Miyazaki S., Idota H., Miyoshi H., "Corporate Productivity and The Stages of ICT Development", *Information Technology & Management*, Vol.13, No.1(2012), pp.17-26.

Nelson R., *National Systems of Innovation: A Comparative Analysis*, Oxford: Oxford University Press, 1993, pp.28-35.

Porter M., "Cluster and the New Economic of Competition", *Harvard Business Review*, Vol.76, No.6(1998), pp.77-90.

Poon TSC., "Beyond the Global Production Networks: a Case of Further Upgrading of Taiwan's Information Technology Industry", *International Journal of Technology and Globalization*, Vol.1, No.1(2004), pp.130-144.

Porter M.E., "Towards a Dynamic Theory of Strategy", *Strategic Management Journal*, Vol.12, No.2(1991), pp.95-117.

Prahalad C.K., Hamel G., "Strategy As a Field of Study: Why Search for a New Paradigm", *Strategic Management Journal*, Vol.15(1994), pp.5-16.

Robert H.Allen, Ram D.Sriram, "The Role of Standards in Innovation", *Technological Forecasting and Social Change*, Vol.64, No.2-3(2000), pp.171-181.

R.Henderson, K. Clark, "Architectural Innovation: The Recon-Figuration of Existing Product Technologies and the Failure of Established Firms", *Administrative Science Quarterly*, Vol.35(1990), pp.9-30.

Röller L.H. and L.Waverman, "Telecommunications Infrastructure and Economic Development: A Simultaneous Approach", *American Economic Review*, Vol.91(2001), pp.909-923.

Richard Leifer, "Implementing Radical Innovation in Mature Firms: the Role of Hubs", *The Academy of Management Executive*, Vol.15, No.3(2001), pp.102-114.

Rothwell R., "Towards the Fifth-generation Innovation Process", *International Marketing Review*, *Vol.*11, No.1(1994), pp.7-31.

Rothaermel F.T., "Complementary Assets, Strategic Alliances, and the Incumbent's Advantage: An Empirical Study of Industry and Firm Effects in the Biopharmaceutical Industry", *Research Policy*, Vol.30(2001), pp.1235-1251.

Schmidt G.M., Druehl C.T., "When is a Disruptive Innovation Disruptive?", *Journal of Production Innovation Management*, Vol.27, No.3(2008), pp.357-398.

Solmaz Filiz Karabag, Christian Berggren, "Antecedents of firm Performance in Emerging Economies: Business Groups, Strategy, Industry Structure, and State Support", *Journal of Business Research*, Vol.67, No.10(2014), pp.2212-2223.

Tripsas Mary, "Surviving Radical Technological Change Through Dynamic Capability", *Industrial and Corporate Change*, Vol.6, No.2(1997), pp.341-377.

Teece D.J., "Profiting from Technological Innovation: Implications for Integration, Collaboration Licensing and the Failure of Established Firms", *Administrative Science Quarterly*, Vol. 35(1990), pp.9-30.

Teece D.J., Pisano G., Shuen A., "Dynamic Capabilities and Strategic Management", *Strategic Management Journal*, 1997, pp.509-533.

Tushman, Reilly, "Ambidextrous Organizations Evolutionary and Revolutionary Change", *California Management Rev*, Vol.38, No.4(1996), pp.8-30.

Tushman M.L., P.Anderson, "Technological Discontinuities and Organizational Environments", *Admin.Sci.Quart*, Vol.31(1986), pp.439-465.

Un C.A., "An Empirical Multi-level Analysis for Achieving Balance between Incremental and Rdical Innovations", *Journal of Engineering and Technology Management*, Vol.24, No.3 (2010), pp.312-345.

Vadim Kotelnikov, *Radical Innovation Versus Incremental Innovation*, Boston: Harvard Business School Press, 2000, pp.35-56.

Van de Ven A., Polley D., Garud R., *Venkataraman S. The Innovation Journey*, London: Oxford University Press, 1999, pp.11-33.

Valle S., Vazquez-Bustelo D., "Concurrent Engineering Performance Incremental Versus Radical Innovation", *International Journal of Production Economics*, Vol. 1 (2009), pp. 136-148.

Vemuri V. K. and Siddiqi S., "Impact of Commercialization of the Internet on International Trade: A Panel Study Using the Extended Gravity Model", *International Trade Journal*, Vol.23(2009), pp.458-484.

Vandermerwe S., "Servilization of Business: Adding Value by Adding Services", *European Management Journal*, 1988, pp.314-324.

Ward Y.and Graves A., "Through-life Management: The Provision of Integrated Customer

Solutions by Aerospace Manufacturers", *University of Bath Working Paper*, 2005, pp.2-18.

Winter S.G., "The Satisficing Principle in Capability Learning", *Strategic Management Journal*, 2000, 21(10), pp.981-996.

［美］R.比克·莱瑟:《智能制造:全球工业大趋势、管理变革与精益流程再造》,霍春辉、袁少锋译,人民邮电出版社 2016 年版。

陈玉涛主编:《工业强基:中国制造大系统之成功砝码》,电子工业出版社 2017 年版。

陈志祥、迟家昱:《制造业升级转型模式、路径与管理变革——基于信息技术与运作管理的探讨》,《中山大学学报(社会科学版)》2016 年第 4 期。

柴雯、马冬妍:《我国制造业与互联网融合量化评价与政策研究》,《制造业自动化》2018 年第 9 期。

陈爱贞、刘志彪:《决定我国装备制造业在全球价值链中地位的因素——基于各细分行业投入产出实证分析》,《国际贸易问题》2011 年第 4 期。

陈立新:《现有企业突破性创新的惯性障碍及其超越机制研究》,《外国经济与管理》2008 年第 7 期。

陈泽聪、徐钟秀:《我国制造业技术创新效率的实证分析——兼论与市场竞争的相关性》,《厦门大学学报(哲学社会科学版)》2006 年第 6 期。

陈爱贞:《全球竞争下装备制造业技术创新路径:基于分工网络视角分析》,《南京大学学报(哲学·人文科学·社会科学版)》2013 年第 3 期。

曹惠:《技术进步对就业影响的有效性分析——基于山东省的实证研究》,《山东财政学院学报》2009 年第 1 期。

陈伟、刘强:《基于 DEA 方法的高端装备制造业企业经营绩效研究》,《工业技术经济》2017 年第 3 期。

陈加伟、王蓓蓓、张秋萍:《基于共享经济背景的智慧企业发展趋势分析》,《商业经济研究》2017 年第 9 期。

陈昌鹤、姜伟:《互联网+工业:促进两化深度融合》,《世界电信》2015 年第 5 期。

陈伟、冯志军、康鑫、田世海:《区域创新系统的协调发展测度与评价研究——基于二象对偶理论的视角》,《科学学研究》2011 年第 2 期。

程中华、李廉水、刘军:《生产性服务业集聚对工业效率提升的空间外溢效应》,《科学学研究》2017 年第 3 期。

陈秀英:《制造业投入服务化对制造业价值链攀升影响的实证研究》,《经济问题探索》2016 年第 7 期。

程立茹:《互联网经济下企业价值网络创新研究》,《中国工业经济》2013 年第 9 期。

段婕、刘勇、王艳红:《基于 DEA 改进模型的装备制造业技术创新效率实证研究》,《科技进步与对策》2012 年第 6 期。

杜传忠:《"互联网+"提升全要素生产率》,《中国社会科学报》2015 年 11 月 11 日。

杜宇玮:《中国生产性服务业促进制造业升级影响因素研究——基于超效率 DEA

和 Tobit 模型的实证分析》,《商业研究》2017 年第 6 期。

　　杜宝瑞、王勃、赵璐等:《智能制造系统及其层级模型》,《航空制造技术》2015 年第 13 期。

　　丁文波:《先进制造企业核心能力演化路径的启示——基于我国制造业转型升级路径的理论探析》,《改革与战略》2015 年第 9 期。

　　丁龙飞:《新技术革命背景下湖北装备制造业升级路径研究》,中共湖北省委党校硕士学位论文,2016 年。

　　[美]道格拉斯·C.诺思:《制度、制度变迁与经济绩效》,杭行译,格致出版社 2016 年版。

　　冯缨、滕家佳:《江苏省高技术产业技术创新效率评价》,《科学学与科学技术管理》2010 年第 8 期。

　　傅翠晓、秦敏、黄丽华:《企业向平台型 B2B 电子商务模式的转型策略研究》,《商业经济与管理》2011 年第 8 期。

　　郭家堂、骆品亮:《互联网对中国全要素生产率有促进作用吗?》,《管理世界》2016 年第 10 期。

　　龚三乐:《全球价值链内企业升级绩效、绩效评价与影响因素分析——以东莞 IT 产业集群为例》,《改革与战略》2011 年第 7 期。

　　葛焱、傅明华:《"互联网+"背景下智慧企业的理论演化与建构方向》,《企业经济》2016 年第 9 期。

　　耿雪凤、周应萍:《加快西安市现代信息服务业发展研究》,《科技管理研究》2012 年第 10 期。

　　龚敏卿、肖岳峰:《开放式创新研究述评》,《科技管理研究》2011 年第 8 期。

　　惠宁、周晓唯:《互联网驱动产业结构高级化效应分析》,《统计与信息论坛》2016 年第 10 期。

　　霍徐强:《中国装备制造业国际竞争力实证分析》,《商业经济》2010 年第 6 期。

　　黄鲁成、王亢杭、吴菲菲等:《战略性新兴产业技术特性评价指标与标准》,《科学学与科学技术管理》2012 年第 7 期。

　　贺正楚、吴艳:《战略性新兴产业的评价与选择》,《科学学研究》2011 年第 5 期。

　　韩凤晶、石春生:《新兴产业企业动态核心能力构成因素的实证分析——基于中国高端装备制造业上市公司的数据》,《中国软科学》2010 年第 12 期。

　　黄阳华:《德国"工业 4.0"计划及其对我国产业创新的启示》,《经济社会体制比较》2015 年第 2 期。

　　黄永明、何伟、聂鸣:《全球价值链视角下中国纺织服装企业的升级路径选择》,《中国工业经济》2006 年第 5 期。

　　黄群慧、贺俊:《中国制造业的核心能力、功能定位与发展战略——兼评〈中国制造 2025〉》,《中国工业经济》2015 年第 6 期。

　　黄顺魁:《制造业转型升级:德国"工业 4.0"的启示》,《学习与实践》2015 年第 1 期。

韩宝国、朱平芳:《宽带对中国经济增长影响的实证分析》,《统计研究》2014 年第 10 期。

郝身永:《"互联网+"商业模式的多重竞争优势研究》,《经济问题探索》2015 年第 9 期。

胡晶:《工业互联网、工业 4.0 和"两化"深度融合的比较研究》,《学术交流》2015 年第 1 期。

纪玉俊、张彦彦:《互联网+背景下的制造业升级:机理及测度》,《中国科技论坛》2017 年第 3 期。

贾崇吉、周应萍:《经济社会转型升级中加快现代信息服务业发展研究》,《西安财经学院学报》2014 年第 1 期。

姜奇平:《"互联网+"与中国经济的未来形态》,《人民论坛·学术前沿》2015 年第 10 期。

贾根良:《第三次工业革命与工业智能化》,《中国社会科学》2016 年第 6 期。

罗珉、李亮宇:《互联网时代的商业模式创新:价值创造视角》,《中国工业经济》2015 年第 1 期。

吕明元、陈磊:《"互联网+"对产业结构生态化转型影响的实证分析——基于上海市 2000—2013 年数据》,《上海经济研究》2016 年第 9 期。

李克穆:《互联网金融的创新与风险》,《管理世界》2016 年第 2 期。

李立威、景峰:《互联网扩散与经济增长的关系研究——基于我国 31 个省份面板数据的实证检验》,《北京工商大学学报(社会科学版)》2013 年第 3 期。

李向东、李南、白俊红、谢忠秋:《高技术产业研发创新效率分析》,《中国软科学》2011 年第 2 期。

吕永权:《我国高端装备制造业发展问题研究》,《经济与社会发展》2015 年第 3 期。

李小平、朱钟棣:《中国工业行业的全要素生产率测算——基于分行业面板数据的研究》,《管理世界》2005 年第 4 期。

李庆东:《产业创新系统协同演化理论与绩效评价方法研究》,吉林大学博士学位论文,2008 年。

李晓钟、陈涵乐、张小蒂:《信息产业与制造业融合的绩效研究——基于浙江省的数据》,《中国软科学》2017 年第 1 期。

刘生龙、胡鞍钢:《基础设施的外部性在中国的检验:1988—2007》,《经济研究》2010 年第 3 期。

李坤望、邵文波、王永进:《信息化密度、信息基础设施与企业出口绩效——基于企业异质性的理论与实证分析》,《管理世界》2015 年第 4 期。

李兆磊、张雅琪、陈菊红:《基于服务嵌入的制造企业服务网络演进及特征研究》,《科技进步与对策》2015 年第 14 期。

路甬祥、陈鹰:《人机一体化系统与技术——21 世纪机械科学的重要发展方向》,《机械工程学报》1994 年第 5 期。

吕岩威、孙慧:《中国战略性新兴产业技术效率及其影响因素研究——基于18个大类行业面板数据的分析》,《科学学与科学技术管理》2013年第11期。

李海舰、田跃新、李文杰:《互联网思维与传统企业再造》,《中国工业经济》2014年第10期。

李廉水、杜占元:《"新型制造业"的概念、内涵和意义》,《科学学研究》2005年第2期。

吕志胜、金雪涛:《生产性服务业与制造业的融合关联——基于美国的研究》,《经济研究参考》2011年第56期。

綦良群、李庆雪:《装备制造业与生产性服务业互动融合发展研究》,《学习与探索》2016年第11期。

李俊生、姚东旻:《互联网搜索服务的性质与其市场供给方式初探——基于新市场财政学的分析》,《管理世界》2016年第8期。

李宝玉、黄章树、陈翠萍:《福建省制造企业信息化与工业化融合效率研究及实证》,《情报科学》2016年第7期。

李寿德:《传统产业高技术改造的本质与实现的方式探析》,《科研管理》2002年第5期。

林建永、余鑫星、陈俊兰:《长三角两省一市(苏浙沪)装备制造业现状研究》,《华东经济管理》2011年第9期。

柳洲:《"互联网+"与产业集群互联网化升级研究》,《科学学与科学技术管理》2015年第8期。

李晓华:《"互联网+"改造传统产业的理论基础》,《经济纵横》2016年第3期。

马化腾等:《互联网+:国家战略行动路线图》,中信出版社2015年版。

毛蕴诗、汪建成:《基于产品升级的自主创新路径研究》,《管理世界》2006年第5期。

毛蕴诗、郑奇志:《基于微笑曲线的企业升级路径选择模型——理论框架的构建与案例研究》,《中山大学学报(社会科学版)》2012年第3期。

梅丽霞、柏遵华、聂鸣:《试论地方产业集群的升级》,《科研管理》2005年第5期。

毛蕴诗、姜岳新、莫伟杰:《制度环境、企业能力与OEM企业升级战略——东菱凯琴与佳士科技的比较案例研究》,《管理世界》2009年第6期。

宁振波:《智能制造——从美、德制造业战略说起》,《航空制造技术》2015年第13期。

《北京理工大学计算机学院副院长、教授牛振东:五大关键技术是驱动制造业变革主导力量》,《中国电子报》2016年8月2日。

宁光杰、林子亮:《信息技术应用、企业组织变革与劳动力技能需求变化》,《经济研究》2014年第8期。

欧阳日辉:《从"+互联网"到"互联网+"——技术革命如何孕育新型经济社会形态》,《人民论坛·学术前沿》2015年第10期。

卜伟、王稼琼:《我国装备制造业自主创新与税收政策》,《中央财经大学学报》2008年第3期。

彭灿:《突破性创新团队及其组建与管理研究》,《科学学研究》2008年第4期。

彭中文、何新城:《所有权性质、产业集聚与FDI技术效率溢出——来自中国装备制造业的经验证据》,《财经研究》2011年第6期。

彭中文、黄研:《中国装备制造业空间集聚及其影响因素的实证分析》,《软科学》2011年第5期。

庞瑞芝、李鹏、李嫣怡:《网络视角下中国各地区创新过程效率研究——基于我国八大经济区的比较》,《当代经济科学》2010年第6期。

邵一华、马庆国:《中国高技术产业与传统产业要素重配置效应分析》,《科研管理》2001年第2期。

石喜爱、李廉水、程中华、刘军:《"互联网+"对中国制造业价值链攀升的影响分析》,《科学学研究》2018年第8期。

沈坤荣、李震:《"十三五"期间我国制造业转型升级的基本思路与对策建议》,《经济纵横》2015年第10期。

单东等:《浙江中小民营企业转型升级问题研究》,浙江大学出版社2014年版。

沈悦、郭品:《互联网金融、技术溢出与商业银行全要素生产率》,《金融研究》2015年第3期。

司颖洁、李姚矿:《风险投资对高技术产业技术创新的作用研究——基于DEA模型的实证分析》,《科技管理研究》2017年第12期。

施炳展:《互联网与国际贸易——基于双边双向网址链接数据的经验分析》,《经济研究》2016年第5期。

孙健、王百强、曹丰、刘向强:《公司战略影响盈余管理吗?》,《管理世界》2016年第3期。

谭松涛、阚铄、崔小勇:《互联网沟通能够改善市场信息效率吗? ——基于深交所"互动易"网络平台的研究》,《金融研究》2016年第3期。

唐铁球:《中国高端装备制造产业分布特征与发展趋势》,《求索》2015年第12期。

童有好:《"互联网+制造业服务化"融合发展研究》,《经济纵横》2015年第10期。

陶长琪、周璇:《产业融合下的产业结构优化升级效应分析——基于信息产业与制造业耦联的实证研究》,《产业经济研究》2015年第3期。

唐晓华、赵丰义:《我国装备制造业企业自主研发投入影响因素实证研究》,《社会科学辑刊》2011年第1期。

陶永、王田苗、李秋实、赵罡:《基于"互联网+"的制造业全生命周期设计、制造、服务一体化》,《科技导报》2016年第4期。

唐晓华、李绍东:《中国装备制造业与经济增长实证研究》,《中国工业经济》2010年第12期。

吴义爽、盛亚、蔡宁:《基于互联网+的大规模智能定制研究——青岛红领服饰与佛山维尚家具案例》,《中国工业经济》2016 年第 4 期。

万兴、杨晶:《互联网平台选择、纵向一体化与企业绩效》,《中国工业经济》2017 年第 7 期。

王少永、霍国庆、孙皓、杨阳:《战略性新兴产业的生命周期及其演化规律研究——基于英美主导产业回溯的案例研究》,《科学学研究》2014 年第 11 期。

王红领、李稻葵、冯俊新:《FDI 与自主研发:基于行业数据的经验研究》,《经济研究》2006 年第 2 期。

汪芳、潘毛毛:《产业融合、绩效提升与制造业成长——基于 1998—2011 年面板数据的实证》,《科学学研究》2015 年第 4 期。

魏守华、陈扬科、陆思桦:《城市蔓延、多中心集聚与生产率》,《中国工业经济》2016 年第 8 期。

王吉发、冯晋、李汉铃:《企业转型的内涵研究》,《统计与决策》2006 年第 2 期。

王一鸣、王君:《关于提高企业自主创新能力的几个问题》,《中国软科学》2005 年第 7 期。

王钦、张雀:《"中国制造 2025"实施的切入点与架构》,《中州学刊》2015 年第 10 期。

王焱、王湘念:《智能制造的基础、组成及发展途径》,《航空制造技术》2015 年第 13 期。

吴家曦、李华燊:《浙江省中小企业转型升级调查报告》,《管理世界》2009 年第 8 期。

吴辰、高昌林:《对外技术依存度与中国技术创新能力的提升》,《科技中国》2007 年第 3 期。

王凯、马庆国:《基于因子分析定权法的中国制造业技术创新能力研究》,《中国地质大学学报(社会科学版)》2007 年第 2 期。

王章豹、孙陈:《我国装备制造业行业技术创新效率测度研究》,《中国科技论坛》2007 年第 8 期。

王夏阳:《契约激励、信息共享与供应链的动态协调》,《管理世界》2005 年第 4 期。

邬贺铨:《"互联网+"行动计划:机遇与挑战》,《人民论坛·学术前沿》2015 年第 10 期。

王小波、陈赤平、文美玲:《生产性服务业与制造业融合发展研究》,《湖南科技大学学报(社会科学版)》2016 年第 6 期。

王磊、安同良:《中国传统产业自主创新模式研究》,《现代经济探讨》2013 年第 3 期。

魏艳秋、和淑萍、高寿华:《"互联网+"信息技术服务业促进制造业升级效率研究——基于 DEA-BCC 模型的实证分析》,《科技管理研究》2018 年第 17 期。

徐康宁:《产业聚集形成的源泉》,人民出版社 2006 年版。

薛红志、张玉利:《主导企业适应突破性创新的组织方法选择研究》,《科学管理研究》2006 年第 4 期。

肖斌、赖新峰：《"互联网+"背景下中国制造业的柔性化生产研究》,《企业经济》2015 年第 9 期。

徐盈之、孙剑：《信息产业与制造业的融合——基于绩效分析的研究》,《中国工业经济》2009 年第 7 期。

肖静华、谢康、吴瑶等：《企业与消费者协同演化动态能力构建：B2C 电商梦芭莎案例研究》,《管理世界》2014 年第 8 期。

徐广林、林贡钦：《工业 4.0 背景下传统制造业转型升级的新思维研究》,《上海经济研究》2015 年第 10 期。

辛国斌主编：《智能制造探索与实践：46 项试点示范项目汇编》,电子工业出版社2016 年版。

夏清华、陈超：《以海尔为案例的中国本土制造企业商业生态重构研究》,《管理学报》2016 年第 2 期。

席强敏、罗心然：《京津冀生产性服务业与制造业协同发展特征与对策研究》,《河北学刊》2017 年第 1 期。

徐晓娇：《基于因子分析的中国制造业行业自主创新能力评价研究》,《经营管理者》2009 年第 19 期。

杨德明、刘泳文：《"互联网+"为什么加出了业绩》,《中国工业经济》2018 年第5 期。

杨德明、陆明：《互联网商业模式会影响上市公司审计费用么?》,《审计研究》2017年第 6 期。

余菲菲、高霞：《产业互联网下中国制造企业战略转型路径探究》,《科学学研究》2018 年第 10 期。

杨青：《INTERNET+的自然垄断之路》,《世界经济情况》2015 年第 11 期。

余泳泽、张先轸：《要素禀赋、适宜性创新模式选择与全要素生产率提升》,《管理世界》2015 年第 9 期。

杨桂菊：《本土代工企业竞争力构成要素及提升路径》,《中国工业经济》2006 年第8 期。

杨凌波：《"互联网+"背景下制造业企业转型升级路径研究》,南京航空航天大学硕士学位论文,2018 年。

叶秀敏：《基于"工业 4.0"的智慧企业特征分析》,《北京工业大学学报(社会科学版)》2015 年第 1 期。

伊迪丝·彭罗斯：《企业成长理论》,上海三联书店、上海人民出版社 2010 年版。

严兵：《FDI 对我国电子及通信设备制造业创新效率的影响》,《国际经济合作》2008年第 5 期。

岳维松、程楠、侯彦全：《离散型智能制造模式研究——基于海尔智能工厂》,《工业经济论坛》2017 年第 1 期。

尹洪涛:《生产性服务业与制造业融合的主要价值增值点》,《管理学报》2015 年第 8 期。

于佳宁:《"互联网+"的三个重要发展方向》,《物联网技术》2015 年第 4 期。

曾建光:《网络安全风险感知与互联网金融的资产定价》,《经济研究》2015 年第 7 期。

张兆安:《实施"互联网+"战略　推动传统产业升级》,《宏观经济管理》2015 年第 4 期。

中华人民共和国工业和信息化部:《高端装备制造业"十三五"发展规划》,2016 年。

赵东安、杨春:《生产性服务业对制造业升级的影响研究——韩国现代化经验及对我国的启示》,《特区经济》2009 年第 1 期。

张洪石、卢显文:《突破性创新和渐进性创新辨析》,《科技进步与对策》2005 年第 2 期。

张同斌、高铁梅:《财税政策激励、高新技术产业发展与产业结构调整》,《经济研究》2012 年第 5 期。

张伯旭、李辉:《推动互联网与制造业深度融合——基于"互联网+"创新的机制和路径》,《经济与管理研究》2017 年第 2 期。

周志丹:《信息服务业与制造业融合互动研究》,《浙江社会科学》2012 年第 2 期。

张军、金煜:《中国的金融深化和生产率关系的再检测:1987—2001》,《经济研究》2005 年第 11 期。

张辉:《全球价值链下地方产业集群转型和升级》,经济科学出版社 2006 年版。

周长富、杜宇玮:《代工企业转型升级的影响因素研究——基于昆山制造业企业的问卷调查》,《世界经济研究》2012 年第 7 期。

綦成元、曹淑敏主编:《大融合　大变革——〈国务院关于积极推进"互联网+"行动的指导意见〉解读》,中共中央党校出版社 2015 年版。

綦良群、李兴杰:《区域装备制造业产业结构升级机理及影响因素研究》,《中国软科学》2011 年第 5 期。

郑健壮、徐寅杰:《产业转型升级及其路径研究》,《浙江树人大学学报(人文社会科学版)》2012 年第 4 期。

赵红、王玲:《高端装备制造业产业链升级的路径选择》,《沈阳工业大学学报(社会科学版)》2013 年第 2 期。

张宝华、赵林丽、郭大权:《生产过程信息化管理的研究与应用》,《科技广场》2015 年第 9 期。

章立东:《"中国制造 2025"背景下制造业转型升级的路径研究》,《江西社会科学》2016 年第 4 期。

张娟:《我国制造业转型升级的路径研究》,广东外语外贸大学硕士学位论文,2016 年。

张越、李琪:《互联网对我国各省区经济发展的影响》,《山西财经大学学报》2008 年第 6 期。

詹绍菓、刘建准:《现代信息服务业发展研究》,《财经问题研究》2014 年第 S1 期。

朱熹雯、张译丹:《工业 4.0 时代下江西省信息化与工业化融合问题研究》,《时代金融》2016 年第 14 期。

张福、邬丽萍:《"互联网+工业"融合发展下的路径选择——基于产业链升级的角度》,《科技与经济》2016 年第 5 期。

张晓涛、李芳芳:《论生产性服务业与制造业的融合互动发展》,《广东社会科学》2013 年第 5 期。

左世全:《美国"先进制造业国家战略计划"对我国的启示》,《经济》2012 年第 6 期。

赵琳、范德成:《我国高技术产业技术创新效率的测度及动态演化分析——基于因子分析定权法的分析》,《科技进步与对策》2011 年第 11 期。

赵昌文:《"十三五"时期中国产业发展新动向》,《财经问题研究》2016 年第 3 期。

赵振:《"互联网+"跨界经营:创造性破坏视角》,《中国工业经济》2015 年第 10 期。

张乃也、刘蕾、鄢章华:《"互联网+"对产业集群转型升级的作用机制研究》,《管理现代化》2017 年第 2 期。

张珉、卓越:《全球价值链治理、升级与本土企业的绩效——基于中国制造业企业的问卷调查与实证分析》,《产业经济研究》2010 年第 1 期。

责任编辑:张　燕

封面设计:毛　淳　徐　晖

责任校对:黎　冉

图书在版编目(CIP)数据

"互联网+"驱动我国制造业升级效率测度与路径优化研究/李伟庆 著. —北京:
　人民出版社,2020.12
(国家社科基金后期资助项目)
ISBN 978 - 7 - 01 - 022514 - 2

Ⅰ.①互…　Ⅱ.①李…　Ⅲ.①互联网络-影响-制造工业-研究-中国
Ⅳ.①F426.4

中国版本图书馆 CIP 数据核字(2020)第 194494 号

"互联网+"驱动我国制造业升级效率测度与路径优化研究

HULIANWANG+ QUDONG WOGUO ZHIZAOYE SHENGJI XIAOLÜ
CEDU YU LUJING YOUHUA YANJIU

李伟庆　著

人民出版社 出版发行
(100706　北京市东城区隆福寺街 99 号)

中煤(北京)印务有限公司印刷　新华书店经销

2020 年 12 月第 1 版　2020 年 12 月北京第 1 次印刷
开本:710 毫米×1000 毫米 1/16　印张:12
字数:201 千字

ISBN 978 - 7 - 01 - 022514 - 2　定价:46.00 元

邮购地址 100706　北京市东城区隆福寺街 99 号
人民东方图书销售中心　电话 (010)65250042　65289539